Paramahansa Yogananda
(1893 – 1952)

METAFYSISKA MEDITATIONER

ALLOMFATTANDE BÖNER, AFFIRMATIONER OCH VISUALISERINGAR

av

PARAMAHANSA YOGANANDA

Det engelska originalets titel, vilken publiceras av
Self-Realization Fellowship, Los Angeles (California):
Metaphysical Meditations

ISBN-13: 978-0-87612-041-5
ISBN-10: 0-87612-041-9

Översatt till svenska av Self-Realization Fellowship
Copyright © 2014 Self-Realization Fellowship

Alla rättigheter förbehålls. Förutom citat i bokrecensioner eller det som tillåts enligt lag får inget avsnitt av *Metafysiska meditationer* återges, lagras eller överföras i någon form eller på något sätt vare sig elektroniskt, mekaniskt eller annat inbegripet fotokopia, ljudupptagning eller varje som helst lagring och återanvändning; utan skriftligt tillstånd från utgivaren: Self-Realization Fellowship, 3880 San Rafael Avenue, Los Angeles, California 90065 - 3219, U.S.A.

Godkänd av International Publications Council of
SELF-REALIZATION FELLOWSHIP, 3880 San Rafael Avenue,
Los Angeles, CA 90065 - 3219, U.S.A

Self-Realization Fellowship namn och emblem (som visas ovan) finns på alla SRF:s böcker, inspelningar och andra publikationer, vilket garanterar läsaren att verket har sitt ursprung i den organisation Paramahansa Yogananda skapade och troget följer hans undervisning.

Första upplagan på svenska utgiven av *Self-Realization Fellowship*, 2014,
First edition in Swedish from Self-Realization Fellowship, 2014.

Denna tryckning 2014
This printing, 2014

ISBN-13: 978-0-87612-286-0
ISBN-10: 0-87612-286-1

1368-J2856

OM DENNA BOK

Under sina tidiga år i Amerika, vid de offentliga föreläsningar och lektioner som han gav på sina omfattande föredragsturnéer – och på senare år i Self-Realization Fellowship[1] -templen som han grundade – brukade Paramahansa Yogananda ofta leda sina åhörare genom affirmation, visualisering eller andaktsfulla böner. Dessa metafysiska metoder hade en stor dragningskraft genom att de återspeglade de otaliga sätt som den Oändliga Anden kan tilltalas och uppfattas på. Efter 1925, när Sri Yogananda hade etablerat det internationella huvudkontoret för sin organisation i Los Angeles och börjat publicera tidskriften *East-West* (som han gav det nya namnet *Self-Realization* 1948), kom många av dessa meditationer att återges i tryckt form i tidskriften. 1932 publicerade Self-Realization Fellowship en samling av nära två hundra av dem som *Metaphysical Meditations*. Boken har sedan dess kontinuerligt publicerats med utökade versioner 1952 och 1964. Genom att erbjuda en källa till hopp och inspiration, har den uppskattats av en växande skara läsare inom alla trosriktningar.

Self-Realization Fellowship

---

[1] Bokstavligen "Samfundet för självförverkligande". Paramahansa Yogananda har förklarat att namnet Samfundet för självförverkligande står för "Gemenskap med Gud genom självförverkligande, och vänskap med alla själar som söker sanningen."

BÖN FÖR EN FÖRENAD VÄRLD

av Paramahansa Yogananda

MÅ LEDARNA för alla länder och folkslag vägledas så att de förstår att människor i alla nationer är fysiskt och andligt förenade: fysiskt förenade eftersom vi härstammar från gemensamma föräldrar – de symboliska Adam och Eva; och andligt förenade eftersom vi är vår Faders odödliga barn, sammanlänkade genom ett evigt broderskap.

Låt oss i våra hjärtan be för ett själarnas förbund och en enad värld. Trots att det ser ut som om vi är åtskilda på grund av ras, tro, färg, klass samt politiska fördomar kan vi ändå, som den ende Gudens barn, i våra själar känna broderskap och enhet i världen. Låt oss arbeta för att skapa en enad värld där varje nation kommer att utgöra en betydelsefull del vägledd av Gud genom människans upplysta samvete.

Vi kan alla lära oss att bli fria från hat och själviskhet i våra hjärtan. Låt oss be för harmoni mellan nationerna så att de kan gå hand i hand genom porten till en ny, rättvis civilisation.

FÖRORD

MEDITATION är vetenskapen om Gudsförverkligande. Det är den mest användbara vetenskapen i världen. De flesta skulle vilja meditera om de kunde förstå dess värde och fick uppleva dess välgörande effekter. Meditationens yttersta mål är att uppnå en medveten vetskap om Gud och om själens eviga enhet med Honom. Vilken bedrift kunde vara mer meningsfull och nyttig än att koppla de begränsade mänskliga förmågorna till Skaparens allestädesnärvaro och allmakt? Gudsförverkligande skänker den mediterande de välsignelser som Herrens frid, kärlek, glädje, makt och vishet ger.

Meditation utnyttjar koncentration i dess högsta form. Koncentration består av att befria uppmärksamheten från distraktioner och att fokusera den på någon tanke som man kan vara intresserad av. Meditation är den speciella form av koncentration i vilken uppmärksamheten befriats från rastlöshet och fokuserats på Gud. Meditation är således koncentration som används till att känna Gud[1].

Som svar på exalterat hängivnas kärlek har Gud uppenbarat Sig i olika kosmiska skepnader. Han uppenbarar Sig också i sanningen, i gudomliga egenskaper, i naturens skapelsekraft och skönhet, i de stora helgonens och avatarernas (gudomliga inkarnationer) liv och i varje människas själ. Meditation på något av dessa begrepp ger alltså ett

---

[1] En fullständig undervisning, både teoretisk och praktisk, kring de vetenskapliga meditationsmetoderna som lärdes ut av Paramahansa Yogananda ges i *Self-Realization Fellowships lektioner*.

djupt förverkligande av det allestädesnärvarande Absoluta, om Honom som för evigt existerar, alltid är medveten och alltid är ständigt förnyad lycksalighet. Eftersom meditation ger en direkt upplevelse av Gud lyfts det religiösa utövandet upp över dogmatiska olikheter.

I denna bok finns tre olika slag av meditation: böner eller kärleksfulla anspråk riktade till Gud, affirmationer om Gud eller sanningen samt andlig vägledning och inspiration som ska riktas till ens eget medvetande. Välj en meditation som passar ditt nuvarande behov. För att underlätta att fokusera sinnet på den andliga tanken, iaktta följande meditationsanvisningar: sitt på en stol med rak stolsrygg eller med korslagda ben på ett fast underlag. Håll ryggraden rak och hakan parallellt med golvet. Med ögonen slutna, fokusera varsamt blicken och koncentrera uppmärksamheten på punkten mellan ögonbrynen. Detta är sätet för koncentration och för det andliga ögat eller varseblivandet av det gudomliga i människan. Med uppmärksamheten fäst på denna mittpunkt av lugn och koncentration utövar du den meditation du valt. Upprepa långsamt orden hörbart eller själsligt, samtidigt som du koncentrerar dig på dem intensivt tills du absorberats av deras inre mening. Meditera tills du känner att begreppet du mediterar på blivit en del av ditt eget medvetande.

Första beviset på Guds närvaro är en obeskrivlig frid. Detta utvecklas till en glädje som inte kan beskrivas med mänskliga ord. När du väl vidrört sanningens och livets Källa kommer hela naturen att svara dig. När du har funnit Gud inom dig kommer du att finna Honom i det yttre i alla människor och i alla omständigheter.

INNEHÅLL

Bön för en förenad värld vi

Förord vii

Om du önskar hans svar (dikt) x

Hängivenhet och tillbedjan 3

Meditationer på gud 19

Utvidgning av medvetandet 33

Om att finna gud 49

Om materiella frågor 63

Om självutveckling 83

Julmeditationer 103

OM DU ÖNSKAR HANS SVAR

av Paramahansa Yogananda

Vare sig Han svarar eller ej,
Fortsätt att anropa Honom –
Anropa Honom utan uppehåll
I kammaren av oavbruten bön.

Vare sig Han kommer eller ej,
Tro att Han ständigt närmar sig
Allt närmre dig
För varje påbud från ditt hjärtas kärlek.

Vare sig Han svarar eller ej,
Fortsätt att bönfalla Honom.
Om Han än inte svarar som du väntar dig,
Var hela tiden förvissad, att på något subtilt sätt
Kommer Han att svara.

I mörkret av dina djupaste böner,
Vet att Han leker kurragömma med dig

Och mitt i livets dans, sjukdomen och döden,
Om du fortsätter att anropa Honom,
Utan att nedslås av Hans skenbara tystnad,
Kommer du att få Hans svar.

HÄNGIVENHET OCH TILLBEDJAN

ATT BÖRJA EN MEDITATION

Slut ögonens portar och utestäng de frestande synernas vilda dans. Släpp fritt ditt sinne i den bottenlösa källan i ditt hjärta. Fäst ditt sinne på hjärtat som bubblar av livgivande blod. Håll kvar uppmärksamheten på hjärtat tills du känner dess rytmiska slag. Känn med varje hjärtslag det allsmäktiga Livets puls. Föreställ dig samma alltgenomträngande Liv som knackar på hjärtats dörr hos miljoner människor och miljarder andra varelser. Hjärtslagen tillkännager konstant och ödmjukt närvaron av en Oändlig Kraft bakom dörrarna till ditt medvetande. Det alltgenomträngande Livets vänliga slag säger dig tyst: "Ta inte endast emot ett litet flöde från Mitt liv, utan utvidga dina känsloförmågor. Låt Mig, med mina pulsslag från det universella livet, svämma över i ditt blod, din kropp, ditt sinne, dina känslor och din själ."

ATT UPPVÄCKA MENTAL FRIHET

Sitt orörlig med rak rygg. Stäng dina rastlösa ögon med dina ögonlock. Håll dem stilla. Frigör sedan ditt sinne från medvetandet om din kroppsvikt. Slappna av nervtrådarna som är fästa vid de tunga musklerna och benen i din kropp. Glöm medvetandet om att du bär en tung samling ben som är bundna till den tjocka klädnaden av kött. Vila. Befria ditt sinne från ett lastdjurs medvetande. Tänk inte på kroppstyngden, utan känn hur din själ befrias från den ständiga materiella tyngdverkan. Sväva själsligt på din fantasis vingar ovanför, under, till vänster, till höger, i oändligheten eller vart helst du vill bege dig. Känn och meditera över detta, ditt sinnes frihet från kroppen. Dröm, dröj kvar och känn frihet från kroppen där du sitter orörlig; det befriade medvetandet växer allt mer.

ALLOMFATTANDE BÖN

Må Din kärlek för evigt lysa på min hängivenhets helgedom och må jag lyckas uppväcka Din kärlek i alla hjärtan.

O Fader, ta emot min själs glöd, inkarnationers hängivenhet, tidsåldrars kärlek vilken jag förvarat oåtkomlig i mitt hjärtas valv.

Hängivenhet och tillbedjan

Gudomlige Fader, i min tystnads tempel har jag anlagt en trädgård för Dig och prytt den med min hängivenhets blomster.

Med ett uppåtsträvande hjärta, med ett ivrigt sinne, med en flammande själ lägger jag alla min hängivenhets blommor vid foten av Din närvaro som existerar överallt.

O Ande, jag tillber Dig som skönheten och intelligensen i naturens tempel. Jag tillber Dig som kraften i verksamhetens tempel och som frid i tystnadens tempel.

JAG KOMMER ATT VÄNTA PÅ DIG

I mitt hjärtas centrum har jag en mystisk tron ämnad för Dig. Min glädjes ljus lyser svagt med förhoppningen om Din ankomst. De kommer att lysa starkare när Du uppenbarar Dig. Vare sig Du kommer eller ej ska jag vänta på Dig ända tills mina tårar sköljt bort all fysisk grovhet.

För att behaga Dig ska jag tvätta Dina fötter av

stillhet med mina parfymdoftande kärlekstårar. Min själs altare ska hållas tomt ända tills Du kommer.

Jag ska inte tala; jag ska inte begära något av Dig. Jag inser att Du känner till mitt hjärtas kval medan jag väntar på Dig.

Du vet att jag ber; Du vet att jag inte älskar någon annan. Vare sig Du kommer eller ej ska jag dock vänta på Dig, ända in i evigheten.

Jag ska driva bort all misströstan för att därigenom göra en kraftig ansträngning att känna Gud genom meditation, tills Han till slut uppenbarar sig.

MIN OFFERGÅVA TILL DIG

Varje morgon erbjuder jag min kropp, min själ och varje förmåga jag äger till att brukas av Dig, O Oändliga Skapare, på vilket sätt som Du än väljer att uttrycka Dig genom mig. Jag vet att alla verk är Dina och att ingen uppgift är för svår eller för simpel när den erbjuds Dig i kärleksfull tjänst.

Hängivenhet och tillbedjan

Gudomliga Moder, på min själs språk kräver jag att Din närvaro uppenbaras. Du är alltings innersta väsen. Få mig att se Dig i varje fiber av min varelse, i varje tankestrimma. Uppväck mitt hjärta!

Älskade Fader, mina ordlösa längtansfulla sånger till Dig ska sjungas i takt med mina hjärtslag. Jag ska känna Din närvaro i alla hjärtan. Jag ska se Dina händer verka i tyngdlagen och i alla andra naturkrafter. I alla levande varelsers tramp ska jag höra Dina fotsteg.

Du osedda Själars Charmör, Du är källan som springer fram ur vänskapens bröst. Du är de hemliga värmestrålarna, vilka får känsloknoppar att slå ut till blommor av förtjusande, besjälade ord av poesi och trofasthet.

När jag utstrålar sympati och välvilja till andra öppnar jag kanalen för Guds kärlek att komma till mig. Gudomlig kärlek är den magnet som drar till sig all välsignelse.

Metafysiska meditationer

Fader, träd Du in i min själ genom mitt hjärtas hängivenhets portar och genom mina brinnande böner.

Jag ska inte bli alltför bunden till ting, då detta kommer att få mig att glömma Gud. Det är inte ett straff att vi förlorar ägodelar utan en prövning för att se om vi älskar materiella ting mer än den Oändlige Herren.

Jag lyder Dig i disciplinens tempel.
Jag älskar Dig i hängivenhetens tempel.
Jag dyrkar Dig i min kärleks tempel.
Jag vidrör Dina fötter i stillhetens tempel.
Jag skådar Dina ögon i förtjusningens tempel.
Jag förnimmer Dig i känslans tempel.
Jag kämpar för Dig i handlingens tempel.
Jag njuter Dig i fridens tempel.

Jag ska stiga upp i gryningen och uppväcka min slumrande kärlek i ljuset av sann hängivenhet till fridens Gud inom mig.

Himmelske Fader, i en osynlig kyrka som byggts av hängivenhetens granit, ber jag att Du tar emot

Hängivenhet och tillbedjan

mina enkla gåvor från hjärtat, vilka dagligen förnyas genom bön.

Gudomliga Moder, öppna min hängivenhets blomknopp på vid gavel och frigör dess doft så att den må spridas från min själ till alla andras själar, ständigt viskande om Dig.

JAG HAR HÖRT DIN RÖST

Gudomliga Moder, jag har hört Din röst viska i rosens doft. Jag vidrörde Din sprödhet i den mjuka liljan. I min hängivenhets viskningar var det Din kärlek som svarade.

Kristus är uppstånden från min likgiltighets grav och jag skådar honom i min hängivenhets ljus. Jag, en sovande Guds son, träder ut ur mitt kroppsliga fängelse till Andens vidsträckta frihet.

ODÖDLIG HÄNGIVENHET

O Du store Älskare, Du är Livet, Du är Målet, Du är min Längtan. Befria mig från Din illusion, *maya*[1]. Fresta mig med Din närvaro istället. Älskade Herre, fyll mitt hjärta med evig hängivenhet endast till Dig.

MIN KÄLLA AV STILLHET

Hans skratt fångade mitt hjärta. Hans glädje intog mitt sorgsna hjärta när jag gungade i en hängmatta nedanför granarna under en blå himmel.

Jag kände himlens rörelse och Hans närvaro som rörde sig genom mig. Min kropp blev stilla; kraften av min tystnad grävde sig in i mitt bröst tills en bottenlös källa sprang fram.

Det bubblande vattnet i min källa ropade och kallade alla törstiga ting runt mig att komma och fyllas på av mina inspirationer. Plötsligt plutade det vidsträckta blå sin mun och sänkte sina blå läppar in

---

[1] Skapelsens förvillande slöja, vars mångfald av former gömmer den Enda formlösa verkligheten.

Hängivenhet och tillbedjan

i mitt hjärtas källa. Granarna, de seglande molnen, bergen, jorden och planeterna sänkte ned sina munnar i min lycksalighets källa. Alla ting i skapelsen drack ur mig. Sedan, när de var nöjda, dök de ned i min odödlighets vatten. Deras grova kroppar vidrörde min själs damm som förvandlade dem så att de blev renade och självlysande. Likt sockerkristaller, vilka upplöses i ett kärl med bubblande vatten, smälte små molntappar, höga berg, vackra vyer, stjärnor, sjöar, världar, skrattande sinnens små bäckar, långa, ringlande floder av ambitioner hos alla varelser som färdas utefter många inkarnationers gångstigar - allt smälte i min allt upplösande tysta ocean.

O Oändliga Varseblivnings Gudomlige Herde, rädda mina tankars små lamm, vilka gått vilse i rastlöshetens vildmark och led dem in i Din tystnads hägn.

Älskade Fader, låt min hängivenhets glöd för alltid lysa med Din närvaro.

Älskade Gud, plocka min hängivenhets lotusblomma ur min jordiska glömskas dy och bär den vid Ditt bröst i evig hågkommelse.

Metafysiska meditationer

Jag bugar mig inför Dig, O Gud, i himlarnas tempel, i naturens tempel samt i mina människobröders själstempel.

JAG TILLBER GUD ÖVERALLT

Jag bugar mig inför den ende, oändlige Fadern som uppenbarar sig på olika sätt i de mångahanda kyrkor och tempel som alla rests till Hans ära. Jag ber till den ende Guden som vilar på de skilda lärornas och religiösa trosriktningarnas olikartade altare.

Idag ska jag tillbe Gud i djup tystnad och vänta på att få höra Hans svar i meditation genom min tilltagande frid.

Jag ska blanda mina inre, hängivna viskningar med bönerna från alla helgon och offra dem oupphörligt i tystnadens och aktivitetens tempel tills jag kan höra Hans viskningar högt, överallt.

Denna dag ska bli den bästa i mitt liv, med beslutsamhet börjar jag idag att för alltid tillägna min hängivenhet vid Allestädesnärvarons fötter.

Hängivenhet och tillbedjan

ATT UTSTRÄCKA KÄRLEK

(*Meditera, dröj vid och känn detta*)

Mitt kungarike av kärlek ska utsträckas. Jag har älskat min kropp mer än något annat. Det är därför som jag är identifierad med och begränsad av den. Med den kärlek som jag har gett kroppen ska jag älska alla dem som älskar mig. Med den utvidgade kärleken från dem som älskar mig ska jag älska de mina. Med kärleken till mig själv och de mina ska jag älska dem som är främlingar. Jag ska använda all min kärlek att älska dem som inte älskar mig liksom dem som älskar mig. Jag ska låta alla själar bada i min osjälviska kärlek. I min kärleks hav ska mina familjemedlemmar, mina landsmän, alla nationer och alla varelser simma. Allt skapat, alla myriader av pyttesmå, levande ting ska dansa på min kärleks vågor.

Jag genomsyrar mig med Din närvaros parfym och jag väntar på brisen som ska föra med sig Ditt budskaps doft om kärlek till alla.

Metafysiska meditationer

I min jordiska moders kärleks tempel ska jag dyrka den inkarnerade kärleken hos den Gudomliga Modern.

All önskan om kärlek ska jag rena och tillfredsställa i helig, gudomlig kärlek till Dig, O Gud!

Älskade Oändlighet, jag kommer alltid att hålla Dig fångad bakom mina starka murar av odödlig kärlek.

Vare sig Du svarar på mina begär och böner eller ej ska jag fortsätta älska Dig.

O Fader, lär mig att uppliva mina böner med Din kärlek. Må jag förnimma Din närhet bakom min röst i bönen.

Jag vet att alldeles bakom mina kärleksböners ridå lyssnar Du på min själs tysta ord.

Jag ska skåda Gud själv som skänker mig Sin gudomliga kärlek genom alla hjärtan.

Vare sig jag är ond eller god är jag Ditt barn. Vare jag sig är en syndare eller ett helgon är jag Din.

Hängivenhet och tillbedjan

Lär mig att dricka den fröjdefyllda oändliga nektar som återfinns i meditationens källsprång.

Gudomlige Fader, lär mig att tillbe Dig på tystnadens inre altare såväl som på handlingarnas yttre altare.

Älskade Gud, rena mig från orenheter. Avlägsna för alltid sjukdom och fattigdom i världen. Förvisa okunnigheten om Dig från de mänskliga själarnas stränder.

MEDITATIONER PÅ GUD

MEDITERA PÅ GUDS LJUS

Betrakta ett ljus och slut ögonen. Glöm mörkret omkring dig och iaktta det starka, röda ljuset innanför dina ögonlock. Se intensivt in i den lilaröda färgen. Meditera på den och föreställ dig att den blir större och större. Skåda ett svagt lysande hav av lila ljus omkring dig. Du är en ljusvåg, en krusning av frid som flyter på havets yta.

Iaktta nu noggrant. Du, den lilla vågen, gungar på en ocean av ljus. Ditt lilla liv är del av det allt genomträngande Livet. I takt med att din meditation fördjupas, blir du – en liten, ytlig våg av frid – den djupa, vida oceanen av frid.

Meditera över tanken, "Jag är en våg av frid". Känn vidsträktheten alldeles under ditt medvetande. Vågen ska kunna känna den vidsträckta oceanens bärande liv under sig.

GUDS BESKYDDANDE NÄRVARO

Lär mig att förnimma att jag alltid är insvept i Ditt allt beskyddande, allestädes närvarande ljussken i födelse,

Metafysiska meditationer

i sorg, i glädje, i aktivitet, i meditation, i okunnighet,
i prövningar, i döden och i den slutliga befrielsen.

Lär mig att öppna den meditationens port vilken
leder till Din välsignade närvaro.

Bortom mitt medvetandes våg ligger det kosmiska medvetandets hav. Under mitt sinnes krusning upprätthålls jag av Din vidsträckta ocean. Jag får skydd av Ditt Gudomliga Sinne.

Din godhets ljus och Din beskyddande makt strålar för alltid genom mig. Eftersom min visdoms ögon var slutna, såg jag dem inte. Nu har Din beröring av frid öppnat mina ögon; Din godhet och Ditt osvikliga beskydd strömmar genom mig.

JAG SKA LOVPRISA DIG

O Himmelske Fader, jag ska lovprisa Din härlighet, Din paradisiska skönhet inom oss. Må jag bo i själslyckans och de ädla tankarnas trädgård och uppfyllas av Din kärleks arom för alltid.

Meditationer på gud

O Ande, gör min själ till Ditt tempel men gör mitt hjärta till Ditt älskade hem där Du vistas med mig i välbefinnande och evigt samförstånd.

Vill Du inte öppna Din tysta mun och ständigt viska vägledande tankar till min själ?

Älskade Herre, lär mig att förnimma att Du är den enda aktiverande kraften och genom att uppskatta Dig som Utföraren, ges alla mina livserfarenheter värde. Lär mig att se Dig som den enda Vännen som hjälper och uppmuntrar mig genom mina jordiska vänner.

Himmelske Fader, från och med idag ska jag sträva efter att lära känna Dig; jag ska anstränga mig att odla Din vänskap. Alla mina plikter ska utföras med tanken att jag förverkligar Dig genom dem och på så sätt behagar jag Dig.

Livet är hela tiden en kamp för glädje. Må jag kämpa för att vinna slaget på just den punkt jag befinner mig nu.

När fruktan eller vrede eller något slags lidande uppsöker mig, ska jag förhålla mig som en åskådare.

Jag vill göra åtskillnad mellan mig och mina erfarenheter. Jag ska till varje pris sträva efter att behålla min frid och lycka.

Älskade Fader, jag inser att beröm inte gör mig bättre eller att klander gör mig sämre. Jag är som jag är inför mitt samvete och Dig. På min väg framåt ska jag göra gott mot alla och hela tiden söka behaga Dig, för på så sätt finna min enda sanna lycka.

TA BORT DETTA MÖRKER

Kosmiska Moder, ta bort detta mörker! När jag sitter med slutna ögon, insvept i självskapade skuggor, låt Din strålglans upplysa mig som intuitionens[1] morgonrodnad.

Gudomliga Moder, lätta Din glittrande slöja i form av kosmiska filmbilder och visa mig Din barmhärtighets illusionsbefriande ansikte.

[1] Att omfatta kunskap som härleds omedelbart och spontant från själen, inte från sinnenas eller förnuftets bedrägliga förmedling.

Meditationer på gud

O flammande Ljus! uppväck mitt hjärta, uppväck min själ, antänd mitt mörker, riv bort tystnadens slöja och fyll mitt tempel med Din härlighet.

Himmelske Fader, förgör den evigt felaktiga tanken – att vi är skröpliga människovarelser. Ge Dig till känna såsom ljuset bakom vårt förnuft: visdomens djupa flamma.

LÄR MIG ATT TILLBE DIG

Älskade Fader, lär mig om min existens mysterium! Lär mig att tillbe Dig i andlöshet, i odödlighet. Förtär min okunnighet i hängivenhetens eld. I min själs stillhet, kom min Fader, kom! Fyll mig och låt mig känna Din odödliga närvaro inom och omkring mig.

I mitt sinnes avskildhet trängtar jag efter att höra Din röst. Befria mig från drömmar av jordiska ljud, vilka fortfarande döljer sig i mitt minne. Jag strävar efter att höra Din stilla röst som för evigt sjunger i min själ.

Herre, eftersom Du är allestädes närvarande, kan Du inte vara annat än närvarande i mig. Du har allsmäktighet och allvetande; även dessa är mina själsegenskaper. Låt mig kunna utveckla blott ett enda fragment av Det som dväljs i mitt Själv.

JAG SKA DRICKA DIN GLÄDJE

Jag ska dricka livskraft från solskenets gyllene flöden; jag ska dricka frid från det nattliga månskenets silverfontän; jag ska dricka Din kraft från vindens mäktiga bägare; jag ska dricka Din medvetenhet som glädje och sällhet ur alla mina små tankars bägare.

I Ditt välsignade ljus ska jag för evigt förbli vaken och skåda Ditt dyrbara, allestädes närvarande ansikte med ständigt vakande ögon genom evighetens alla eoner.

Jag sökte Guds kärlek i den förgängliga tillgivenhetens karga torrhet. Efter att ha vandrat genom den oberäkneliga, mänskliga sympatins öken, har jag till slut funnit den gudomliga kärlekens outtömliga oas.

Meditationer på gud

Fader, lär mig att återfå min födslorätt och att leva som en odödlig.

O gudomlige Vän! Även om min okunnighets mörker är lika gammalt som världen, ge mig insikten att när Ditt ljus gryr kommer mörkret att försvinna som om det aldrig funnits.

Vad är detta liv som strömmar genom mina ådror? Kan det vara något annat än gudomligt?

Himmelske Fader, stig ned i mig. Få mig att förnimma att Du är närvarande i min hjärna, i min ryggrad och i mina djupaste tankar. Jag bugar inför Dig.

Jag har gått vilse, Fader, i de felaktiga trosföreställningarnas ödemark; jag kan inte hitta hem. Stig upp på min tankehimmels mörker och var polstjärnan för mitt trevande sinne. Led mig till Dig själv, Du som är mitt hem.

Lär mig, O Kristus, att befria mitt materialistiska sinne, så att jag kan ge Dig det i bön och extas, i meditation och fantasi.

Metafysiska meditationer

UPPENBARA DIG

Kom Du, O Fader, uppenbara Din närvaros vidsträckta kungarike! Uppenbara Dig! Lär mitt hjärta att be; lär min själ att känna att alla dörrar kan öppna sig och Din närvaro avslöjas.

O Kosmiska Ljus, jag ser Dig måla himlen i lysande färger varje dag. Jag ser Dig klä den kala jorden med grönt gräs. Du är solskenets värme. O, Du är så uppenbart närvarande överallt. Jag bugar inför Dig.

Lär mig att skåda Ditt ansikte i min inre stillhets spegel.

Gudomligt älskade, låt mig omedelbart och för alltid få vetskap att Du alltid och för evigt har varit min. Mina felaktiga drömmar är förbi, nedgrävda i glömskans gravkammare. Jag är vaken och värmer mig i livets solsken i Dig.

Guds överflöds ocean flödar genom mig. Jag är Hans barn. Jag är en kanal genom vilken all

Meditationer på gud

gudomlig skapelsekraft flödar. Välsigna mig Fader, att jag söker Dig före allt annat, såsom det anstår Ditt äkta barn.

Älskade Gud, låt min hängivenhets blommor blomma i mitt hjärtas trädgård medan jag inväntar gryningen av Din ankomst.

Käre Fader, öppna alla trons fönster så att jag kan se Dig i fridens palats. Slå upp tystnadens portar så att jag kan träda in i Din lycksalighets tempel.

Älskade Gud, skydda min själs himmelska tempel från att beträdas av onda tankars ihärdiga soldater.

Jag vet att jag bär ansvaret för min egen välfärd. Därför kommer jag att förkasta alla meningslösa strävanden och fåfänga tankar, så att jag ska kunna finna tid för Gud varje dag.

Min Himmelske Fader, Du är Kärlek, och jag är skapad till Din avbild. Jag är det kosmiska kärleksfältet vari jag skådar alla planeter, alla stjärnor, alla varelser, all skapelse som glittrande ljus. Jag är den Kärlek som upplyser hela universum.

Metafysiska meditationer

O Källa till Kärlek! Få mig att känna att mitt hjärta överflödas av Din ständigt närvarande kärlek.

Jag vill ha Dig, O Gud, så att jag ska kunna ge Dig till alla!

Alla Hjärtans Fader, uppväck för alltid medvetandet om Din kärleksfulla närvaro inom mig.

Gudomlige Fader, lär mig att gång på gång dyka ned i meditationen allt djupare tills jag finner Dina odödliga pärlor i form av visdom och gudomlig glädje.

På en tron av tysta tankar styrs idag mina handlingar av fridens Gud. Jag ska ledsaga mina bröder in i Guds tempel genom min fridsport.

Vare sig jag är en liten eller stor våg av varande står samma Livets Ocean bakom mig.

Jag ska tänka tills jag finner det slutgiltiga svaret. Jag ska förvandla tankekraften till ett sökarljus vars klarhet ska avslöja Allestädesnärvarons ansikte.

Meditationer på gud

Lär mig att tänka på Dig tills Du blir min enda tanke.

O Fader, vilka prövningar jag än må utsättas för, låt mig bära dem med glädje genom att för alltid förnimma Din närvaro i mitt hjärta. Då kommer alla livets tragedier och komedier blott att framstå som ett extatiskt underhållande skådespel.

Fader, omvandla mitt medvetande från mina begränsningar som andra människor och mina egna bristfälliga tankar vill göra gällande till insikten att jag, Ditt barn, äger Ditt rikes oändliga tillgångar.

O Eldens källsprång, låt Ditt ljus befästas i mig, runt omkring mig, överallt.

En sann yogi känner sitt hjärtas slag i alla hjärtan; sitt sinne i alla sinnen; sin närvaro i all rörelse. Jag ska bli en sann yogi.

O Fader, visa mig huvudvägen som leder till Dig. Ge mig hjärtats ivriga målmedvetenhet. Lär mig att höra Din röst i hängivenhetens eko.

I min själs stillhet bugar jag mig ödmjukt inför

Metafysiska meditationer

Din allestädesnärvaro i vetskapen om att Du alltid leder mig framåt och uppåt på Självförverkligandets väg.

O Herre, Din kärlek som flödar genom människohjärtan har lockat mig att finna källan till den fulländade kärleken i Dig.

Gudomliga Ande, jag ska söka Dig tills jag finner Dig. När jag funnit Dig ska jag vördnadsfullt ta emot vilka gåvor Du än önskar att jag ska få. Men genom evigheten begär jag ingenting förutom den fullständiga gåvan av Dig Själv.

Jag kommer till Dig med knäppta händer, med böjt huvud och hjärtat fyllt av vördnadens myrra.

Du är mina Föräldrar; jag är Ditt barn. Du är min Mästare; jag ska följa Din rösts tysta befallning.

UTVIDGNING AV MEDVETANDET

ATT SAMSTÄMMA SIG MED DET KOSMISKA LJUDET

Lyssna till det kosmiska ljudet av *Aum*, ett storslaget surr av oräkneliga atomer i den känsliga högersidan av ditt huvud. Detta är Guds röst. Känn att ljudet sprider sig genom hjärnan. Hör dess ihållande, bultande dova ljud.

Hör och känn nu hur det strömmar in igenom ryggraden och slår upp hjärtats portar. Känn hur det genljuder i varenda vävnad, varenda känsla, varje nervtråd. Varenda blodkropp, varje tanke dansar på de dånande vibrationernas hav.

Lägg märke till hur det kosmiska ljudet sprider sig. Det sveper genom kroppen och sinnet in i jorden och den omgivande atmosfären. Du rör dig med det, in i den lufttomma etern och in i miljoner av materiella universa.

Meditera på det kosmiska ljudets utbredning. Det har passerat genom de fysiska universa till de subtilt lysande ljusstrålarnas underströmmar vilka håller all materia manifesterad.

Metafysiska meditationer

Det kosmiska ljudet beblandar sig med miljontals mångfärgade ljusstrålar. Det kosmiska ljudet har inträtt i de kosmiska strålarnas rike. Lyssna, se och känn omfamningen av det kosmiska ljudet och det eviga ljuset. Det kosmiska ljudet tränger nu igenom den kosmiska energins flammande eld och de smälter in i det kosmiska medvetandets och den kosmiska glädjens ocean. Kroppen sammansmälter med universum. Universum sammansmälter med den ljudlösa rösten. Ljudet smälter samman med det ändlösa ljuset. Och ljuset innesluts i den oändliga glädjens famn.

DET KOSMISKA HAVET

När du upptäcker att din själ, ditt hjärta, varje fläkt av inspiration, varje fläck på den vidsträckta himlen och dess strålande stjärnblommor, bergen, jorden, nattskärran och blåklockorna alla är sammanbundna med en rytmsträng, en glädjesträng, en enhetsträng, en Andens sträng, då kommer du att veta att allt endast utgör vågor i Hans kosmiska hav.

Utvidgning av medvetandet

JAG GÅR INÅT

Jag var en fånge som bar på en tung börda av kött och ben men jag har brutit mina kroppsliga bindningar genom avspänningens kraft. Jag är fri. Nu ska jag försöka gå inåt.

Förhäxande naturskönhet, upphör med din dans inför mina ögon! Locka inte bort min uppmärksamhet!

Hänförande melodier, håll inte mitt sinne trollbundet i njutning av jordiska sånger.

Oförglömliga sireners ljuva känslor, förlama inte mina heliga ingivelser med er förledande beröring! Låt min meditation skynda till den ljuva evigt gudomliga kärlekens boning.

Låt inte lockande dofter från liljor, jasmin och rosor hindra mitt sinne på dess väg hemåt!

Dessa de frestande sinnenas förtrollningar är nu borta. Köttets band är brutna. Sinnenas grepp har

Metafysiska meditationer

lossat. Jag andas ut och stoppar andningens storm; tankens krusningar smälter bort.

Jag befinner mig på mitt klappande hjärtas altare. Jag iakttar den brusande, väsnande strömmen av livskraft vilken rör sig genom hjärtat in i kroppen. Jag vänder mig bakåt mot ryggraden. Hjärtats slag och brus har försvunnit. Likt en osynlig, helig flod strömmar livskraften in i ryggradens hålighet. Jag träder in i en svagt upplyst korridor genom det andliga ögats port och ökar hastigheten tills dess min livsflod äntligen strömmar in i Livets ocean och förlorar sig i sällhet.

Jag fick en glimt av Guds vidsträckthet i stillhetens himlar. Jag smakade Hans glädje i källan av min existens. Jag hörde Hans röst i mitt samvete som aldrig sover.

Jag ska medvetet ta emot den allestädesnärvarande Faderns ljus som beständigt strömmar genom mig.

O Fader, bryt gränserna för mitt livs små vågor så att jag kan förena mig med Din vidsträckthets ocean.

Utvidgning av medvetandet

EXPANSION IN I EVIGHETEN

Evigheten öppnar sig under mig, ovanför, till vänster och till höger, framför och bakom, i det inre och det yttre.

Med öppna ögon skådar jag mig själv som den lilla kroppen. Med slutna ögon uppfattar jag mig själv som det kosmiska center runt vilket evighetens sfär, lyckans sfär, den allvetande, levande rymdens sfär roterar.

Jag känner Herren som en behaglig fläkt av lycksalighet som andas i min universella kropp. Jag ser att Han strålar genom det klara glittret i allt ljus och genom det kosmiska medvetandets vågor.

Jag skådar Honom som det inspirerande solljuset vilket håller mina tankars lysande himlakroppar i rytmisk balans.

Jag förnimmer Honom som en frambrytande röst som leder, visar vägen och i hemlighet undervisar i alla människors och all skapelses själstempel.

Metafysiska meditationer

Han är källan av vishet och den strålande inspiration som strömmar genom alla själar. Han är doften som tränger ut från alla hjärtans rökelsekar. Han utgör de himmelska blomstrens och de lysande tankeblommornas trädgård. Han är kärleken som inspirerar våra kärleksdrömmar.

Jag känner hur Han sipprar genom mitt hjärta, liksom genom alla hjärtan, genom jordens porer, genom himlen, genom alla skapade ting. Han är den eviga rörelsens glädje. Han är tystnadens spegel som all skapelse reflekteras i.

Mina jordiska erfarenheter tjänar som en process för att tillintetgöra mina begränsande, förgängliga illusioner. I Gud förverkligas även de mest "omöjliga" drömmar. ("Jag skall giva honom morgonstjärnan." – Uppenbarelseboken 2:28.)

Jag är nedsänkt i Ditt eviga ljus; det genomtränger varje liten del av min varelse. Jag lever i det ljuset. Gudomliga Ande, jag skådar endast Dig, i det inre och det yttre.

Utvidgning av medvetandet

Jag ska sluta mina fysiska ögon och avfärda materiens frestelser. Jag ska kika genom tystnadens mörker tills relativitetens ögon öppnas i det enda inre ljusets öga. När mina två ögon, vilka ser såväl gott som ont, blir ett, och endast ser Guds gudomliga godhet i allt, då ska jag förnimma att min kropp, sinne och själ fyllts av Hans allestädesnärvarande ljus.

Det som verkligen är mitt liv kan inte dö, ty jag är oförstörbar medvetenhet.

Alla slöjor över mitt okunniga ytliga liv bränns i ljuset av mitt uppvaknande i Kristus, och jag skådar Jesusbarnets Intelligens i en krubba av rosenblad, i en väv av ljus och i alla uppriktiga hjärtans kärlekstankar.

Jag är oändlig. Jag är gränslös, jag är outtröttlig; jag är bortom kropp, tanke och uttryck; bortom all form och sinne. Jag är evig lycksalighet.

Andens ocean har blivit till min själs lilla bubbla. Vare sig den svävar i födelsen eller försvinner i döden, kan mitt livs bubbla inte dö i det kosmiska medvetandets ocean. Jag är oförstörbart medvetande omslutet av odödlighetens Ande.

Jag är inte längre den våg av medvetande som tror att den är skild från det kosmiska medvetandets hav. Jag är Andens ocean, som blivit till en våg av mänskligt liv.

Likt en tyst, osynlig flod som flyter under öken strömmar den vida, dimensionslösa Andens flod genom tidens ökensand, genom erfarenhetens ökensand, genom alla själars ökensand, genom alla levande atomers ökensand, genom hela världsrymdens ökensand.

O Fader, Du är helig, evig glädje. Du är den glädje som jag söker, Du är själens glädje. Lär mig att tillbe Dig genom glädjen som föds ur meditation.

DET HELIGA LJUDET AV AUM

Lär mig att höra Din röst, O Fader, den kosmiska röst som befallde all vibration att träda fram. Ge Dig tillkänna som *Aum*, alla ljuds kosmiska sång.

O Heliga Ande, heliga *Aum*-vibration, utvidga mitt medvetande när jag lyssnar till Ditt allestädes närvarande ljud. Få mig att förnimma att jag är såväl

Utvidgning av medvetandet

den kosmiska oceanen som den lilla vågen av kroppen som vibrerar i den.

O *Aum,* allestädes närvarande kosmiska ljud, genljud genom mig, utvidga mitt medvetande från kroppen till universum och lär mig att i Dig känna ständig, allt genomträngande kosmisk lycksalighet.

O oändliga Energi, oändliga Visdom, fyll mig med Din andliga vibration.

O kosmiska *Aum*-ljud, vägled mig, var hos mig, led mig från mörker till ljus.

JAG FÄRDAS HEM

Farväl himmelens blåa hus. Farväl stjärnor och himmelska berömdheter och era skådespel på rymdens skärm. Farväl blommor med era fällor av skönhet och väldoft. Ni kan inte längre hålla mig kvar. Jag färdas Hem.

Adjö till solskenets varma omfamning. Farväl till den svala, svalkande, vederkvickande brisen. Farväl till människans underhållande musik.

Metafysiska meditationer

Jag har festat länge med er alla, dansat iklädd mina olika tankars dräkter, druckit mina känslors och min världsliga viljas vin. Nu har jag avstått från illusionens berusning.

Farväl muskler, ben och kroppsrörelser. Farväl till andningen. Jag slungar ut dig ur mitt bröst. Adjö till hjärtslag, känslor, tankar och minnen. Jag färdas Hem i ett tystnadens skepp. Jag beger mig iväg för att känna mina hjärtslag i Honom.

Jag svävar med medvetandets vingar ovanför, nedanför, till vänster, till höger, i det inre och det yttre, överallt för att finna att i varje hörn av mitt kosmiska hem har jag alltid befunnit mig i min Faders heliga närvaro.

JAG BEFINNER MIG ÖVERALLT

Jag skådar genom allas ögon. Jag verkar genom alla händer, jag går med allas fötter. De bruna, vita, olivfärgade, gula, röda och svarta kropparna är allihop mina.

Utvidgning av medvetandet

Jag tänker med allas sinnen, jag drömmer genom alla drömmar, jag känner genom alla känslor. Glädjens blomster som blommar i alla hjärtan är mina.

Jag är evigt skratt. Mina leenden dansar på alla ansikten. Jag är entusiasmens vågor i allas hjärtan som samstämts med Gud.

Jag är vishetens vind som får alla mänsklighetens suckar och sorger att upphöra. Jag är den tysta livsglädje som rör sig genom alla varelser.

Himmelske Fader, lär mig att finna frihet i Dig, så att jag kan förstå att inget på jorden tillhör mig; allt tillhör enbart Dig. Lär mig att uppleva att mitt hem är Din allestädesnärvaro.

O Kosmiska Tystnad, jag hör Din röst genom alla bäckars porlande, näktergalens sång, trumpetandet i trumpetsnäckor, havsvågornas slag och vibrationernas nynnande.

Älskade Gud, inte längre med ord utan med mitt hjärtas brinnande kärlekslåga dyrkar jag Dig.

Metafysiska meditationer

Lär mig att se Din vidsträckthet, Din oföränderlighet bakom alla ting, så att jag kan uppfatta mig själv som en del av Ditt oföränderliga Väsen.

O mäktiga Ocean, jag ber att mina önskningars floder, vilka ringlar sig genom många öknar av svårigheter, till slut må flyta samman i Dig.

Jag vill sätta eld på all rymd och vältra mig över dess bröst oförbränd och odödlig. Jag ska dyka in i oändligheten utan att någonsin nå slutet. Jag ska springa, rusa och sprida mitt skratt i alla ting, i all rörelse och i den stilla tomheten.

Väck mig, O Himmelske Fader, så att jag ska kunna stå upp från köttets begränsande grav till medvetandet om min kosmiska kropp.

O odödliga Kärlek, förena min kärlek med Din kärlek, förena mitt liv med Din glädje och mitt sinne med Ditt kosmiska medvetande.

Låt mig inte skåda något annat än skönhet, inget annat än det goda, inget annat än sanningen, inget förutom Din odödliga källa av lycksalighet.

Utvidgning av medvetandet

I skapelsens sal, O Gudomliga Moder, hör jag överallt rytmen av Dina fotsteg som dansar vilt i den dånande åskan och mjukt i atomernas sång.

―※―

FÖRKLARING AV "AUM" OCH "KRISTUSMEDVETANDE"

I *En Yogis Självbiografi* säger Paramahansa Yogananda: *"Men Hjälparen, den Heliga Ande, som Fadern skall sända i mitt namn, han skall lära eder allt och påminna eder om allt vad jag har sagt eder* (Johannes 14:26). Dessa bibliska ord hänför sig till Guds treenighet som Fadern, Sonen och den Helige Ande (*Sat, Tat, Aum* i de hinduiska heliga skrifterna).

"Gud som Fadern är det Absoluta, Icke-manifesterade, som finns *bortom* den vibratoriska skapelsen. Gud som Sonen är Kristusmedvetandet som existerar *inom* den vibratoriska skapelsen; detta Kristusmedvetande är den "enfödde" eller det enda återskenet av den Ickeskapade Oändligheten.

"Det allestädesnärvarande Kristusmedvetandets yttre manifestation, dess 'vittne' (Johannes

Metafysiska meditationer

uppenbarelse 3:14) är *Aum (Om)*, Ordet eller den Helige Ande: Osynlig gudomlig kraft, den ende som verkställer, den enda kausala och aktiverande kraften som upprätthåller hela skapelsen genom vibration. *Aum,* den lycksaliga Tröstaren, hörs i meditation och uppenbarar för den hängivna den yttersta sanningen och skall 'påminna eder om allt'."

OM ATT FINNA GUD

ATT SÄNDA UT VÅGOR AV FRID

Fokusera ditt sinne mellan ögonbrynen på den strandlösa fridens hav inom dig. Se den eviga cirkeln av porlande frid runtom dig. Ju mer intensivt du betraktar, desto mer kommer du att känna de små vågorna av frid som sprider sig från ögonbrynen till pannan, från pannan till hjärtat och vidare till varje cell i din kropp. Nu flödar fridens vatten över din kropps flodbankar och översvämmar ditt sinnes vida fält. Det fridsamma flödet flödar över ditt sinnes gränser och sprids vidare i oändliga riktningar.

Med fridens svärd, O Herre, låt mig kämpa mig igenom tunga prövningars utmaningar.

På erfarenhetens estrad spelar jag, den ständiga fridens prins, i ett drama bestående av sorgliga och lyckliga drömmar.

FRID

Frid flödar genom mitt hjärta och blåser genom
   mig som en mild västanvind.
Frid uppfyller mig som en doft.

Metafysiska meditationer

Frid strömmar genom mig som strålar.
Frid stöter bort hjärtats oljud och bekymmer.
Frid förbränner min oro.
Frid likt ett eldklot utvidgar sig och fyller min allestädesnärvaro.
Frid likt en ocean når ut i varenda vrå.
Frid likt rött blod upplivar mina tankars ådror.
Frid likt en gränslös gloria omsluter min oändliga kropp.
Fridslågor blommar upp genom porerna i min kropp och genom hela rymden.
Fridens parfym sprider sig över blomsterträdgårdarna.
Fridens vin rinner oavbrutet genom alla hjärtans vinpress.
Frid är andningen hos stenarna, stjärnorna och de vise.
Frid är Andens gudavin ur tystnadens kärl,
vilket jag klunkar i mig genom mina oräkneliga atomers munnar.

MEDITATION PÅ STILLHETEN

Min stillhet sprider sig överallt som en expanderande sfär.

Om att finna gud

Min stillhet sprider sig som en sång i radion ovanför, nedanför, till vänster och höger, i det inre och det yttre.

Min tystnad sprider sig som en löpeld av lycka; alla sorgens tjocka snår och stolthetens höga ekar flammar upp i lågor.

Min tystnad, likt etern, genomtränger allt och bär med sig jordens, atomernas och stjärnornas sånger in i Hans oändliga bonings salar.

———

Låt mig inte berusas av rastlöshetens opium. Må jag känna närvaron av Guds frid bakom mina hjärtslag.

Jag ska fylla mitt hjärta med meditationens frid. Jag ska låta min glädje strömma till de själar som törstar efter frid.

Alla som varit andligt framgångsrika, såsom Jesus, Babaji, Lahiri Mahasaya, Sri Yukteswar, Swami Shankara samt andra mästare, är uppenbarelser av vår ende Fader, Gud. Jag gläds åt tanken att min andliga strävan att förverkliga föreningen med Gud är något som redan uppnåtts av alla stora mästare.

Varje dag ska jag meditera djupare än igår. Varje morgondag ska jag meditera djupare än idag. Jag ska meditera under den större delen av min fritid.

O Herre, med intuitionens lätta beröring ska jag ställa in min själs radio och befria mitt sinne från orons störningar. Då ska jag kunna höra Din röst som kosmisk vibration, atomernas musik och kärlekens melodi som vibrerar i mitt övermedvetna.

Denna dag kommer jag söka Dig, o Fader, i egenskap av meditationens ständigt växande lycksalighet. Jag vill känna Dig som gränslös glädje som pulserar i mitt hjärta. När jag funnit Dig ska jag finna allt jag efterlängtar genom Dig.

På mitt altare av oavbruten frid, lär mig att finna Din närvaro och den glädje som kommer ur djup meditation.

Välsigna mig så att jag kan finna Dig i varje tanke och handling. När jag funnit Dig inom mig ska jag

Om att finna gud

finna Dig utanför, i alla människor och i alla omständigheter.

Lär mig att känna att det är Ditt leende som visar sig i gryningen, genom rosornas kronblad och i ansiktet på ädla män och kvinnor.

GUDS FLAMMANDE NÄRVARO

Jag ska göra mig av med det gyckel som tomma böner innebär. Jag ska be djupt tills Din flammande närvaro brinner i meditationens mörker.

Himmelske Fader, jag kan inte vänta på morgondagen för att höra Din sång. Jag ska idag sända ut min själs rop i etern med sådan kärleksfull koncentration att Du måste svara genom min tystnads mottagare.

O Ande! Alltid existerande, allmedveten, ständigt ny Lycksalighet! Ta bort likgiltighetens och glömskans tyngd från mitt sinne. Låt mig dricka Din för evigt välsignande närvaros nektar.

Med den inre och yttre tystnadens fördjupning kommer Din frid till. Jag ska alltid försöka höra ekot av Dina fotsteg.

Metafysiska meditationer

När jag har Dig som den djupaste meditationens djupaste glädje vet jag att alla ting – välstånd, hälsa och visdom – kommer mig till del.

Lär mig att fiska efter Dig i min själs djupaste vatten.

ATT FINNA GUD I GLÄDJE

Vad som än orsakar det, närhelst en liten glädjebubbla uppenbarar sig i ditt medvetandes osynliga hav, grip tag i den och fortsätt att utvidga den. Meditera på den och den kommer att växa. Se inte på din lilla glädjebubblas begränsningar utan fortsätt att utvidga den tills den växer sig större och större. Fortsätt blåsa upp den med den inre koncentrationens andetag till dess att den sprider sig över hela ditt medvetandes oändlighetsocean. Fortsätt att blåsa upp glädjebubblan tills de begränsande väggarna spricker och blir till glädjens hav.

I violans, flöjtens och den djupt klingande orgeln hör jag Guds röst.

Om att finna gud

I själen finns den glädje som mitt ego söker. Jag blir plötsligt medveten om Hans lycksalighet innesluten i honungskakorna i tystnadens bikupa. Jag ska bryta upp den hemliga tystnadens bikupa och dricka den aldrig sinande välsignelsens honung.

MIN ÄLSKADE KALLAR PÅ MIG

Med blommor, med strålande himlar, med glädjens manna i lyckliga sinnen, med visdomsfyllda själar, med fåglarnas sång, med gudomliga melodier i människohjärtan, kallar min Älskade på mig att återvända till Hans hem av inre frid.

Jag ska söka Guds rike i den glädje som kommer ur ständig, lång, djup och oavbruten meditation. Jag ska samvetsgrant söka att finna Herren inom mig och kommer inte att vara nöjd med de små, inbillade inspirationer som kommer ur korta, oroliga perioder av tystnad. Jag ska meditera allt djupare tills jag förnimmer Hans närhet.

Genom att förverkliga Gud ska jag återtas som Hans barn. Utan att vare sig be eller tigga ska jag få välstånd, hälsa och vishet.

Metafysiska meditationer

O Du, alla hjärtans och rosors Doft, jag bryr mig inte om hur många dagar som brännande sorg kommer över mitt livs tröskel för att uppsöka och pröva mig. Genom Din välsignelse må de påminna mig om de misstag som hållit mig borta från Dig.

Allas Beskyddare, jag bryr mig inte om ifall, genom min egen förskyllan, allt annat slits ifrån mig; men jag ska begära av Dig, min Egen, att vakta min lilla kärlekslåga till Dig.

O ärofulla Allestädesnärvaro, låt inte elden som påminner om Dig släckas av de glömskans vindstötar, vilka uppstår ur min världslighets virvelvindar.

Genom meditationen ska jag få andningens storm, den mentala oron och känslostörningar som rasar över mitt sinnes sjö att upphöra. Genom bön och meditation ska jag tygla min vilja samt mina handlingar och styra mot det rätta målet.

MIN ALLESTÄDESNÄRVAROS TRON

Jag steg ned från min allestädesnärvaros tron av kärlek i rymdens famn och i de blinkande ljusens

Om att finna gud

hjärtan för att finna en ombonad plats i människans hjärta. Länge stannade jag där utestängd från mitt vida, rymliga hem.

Överallt var jag, sedan gömde jag mig i de små utrymmena. Nu kommer jag fram ur mina gömslen. Jag öppnar de mänskliga begränsningarnas grindar i form av familj, kast, färg och tro. Jag ilar runt överallt för att återigen känna mitt allestädes närvarande medvetande.

Genom min djupaste meditations transparens ska jag ta emot den allestädesnärvarande Faderns ljus som flödar genom mig.

Så fort jag blir rastlös eller störd i sinnet ska jag dra mig tillbaka till tystnad och meditation tills dess lugnet återställts. Jag ska börja varje dag med koncentration och meditation på det Högsta Varat.

MEDITATIONER PÅ KRISTUS

Jag ska ledas av trons, hängivenhetens och meditationens herdar. Vägledda av själsvisdomens stjärna ska herdarna ledsaga mig till Kristus.

Jag ska skåda "den enfödde", den transcendentala Gud Faderns enda återspegling, född i den begränsade vibratoriska materiens sköte som Kristusintelligensen, vilken vägleder allt skapat till ett intelligent, gudomligt slut.

Jag ska bryta rastlöshetens kedjor och gränslöst utvidga min meditations kraft tills det universella Kristusmedvetandet helt och fullt kan uppenbara sig genom mig.

Välsigna mig Fader, så att förverkligandets enda öga leder mig att genom alla materiens slöjor skåda Kristi obegränsade närvaro.

JAG SKA MEDITERA

Älskade Gud, eftersom inget jordiskt åtagande är möjligt utan att jag brukar krafter som strömmar från Dig, ska jag avstå från allt som hindrar min dagliga förpliktelse att meditera på Dig.

Idag ska jag meditera hur trött jag än tror att jag känner mig. Jag ska inte tillåta mig att bli offer för störande ljud medan jag försöker meditera. Jag ska överföra mitt medvetande till den inre världen.

Om att finna gud

Genom meditationens port ska jag träda in i Guds eviga fridsboning. Där ska jag tillbe Honom på den ständigt nya förnöjsamhetens altare. Jag ska tända lyckans eld för att lysa upp Hans boning i det inre.

Jag ska meditera regelbundet så att trons ljus kan visa mig vägen in i min Himmelske Faders odödliga kungarike.

Gudomliga Moder, jag ska dra bort den stjärnbeströdda himmelsslöjan, jag ska dra isär rymdens hölje, jag ska smälta bort tankarnas förtrollade matta, jag ska stänga av det distraherande livets filmer så att jag kan skåda Dig.

Jag vet att Gud kan förverkligas genom meditation och genom intuitiv varseblivning, men inte genom ett rastlöst sinne.

Jag ska öppna mina ögon för meditationens glädje; då kommer jag att se allt mörker försvinna.

Jag ska bada i Guds kärleks heliga bassäng gömd bakom meditationens befästningar.

Jag ska fullända min inre boning genom

Metafysiska meditationer

meditation så att den blir opåverkbar av alla negativa inflytanden utifrån.

Varje dag ska jag börja med meditation på det Högsta Varat.

I tystnadens tempel upptäcker jag Din frids altare. På fridens altare finner jag Din ständigt nya glädje.

Låt mig höra Din röst, o Gud, i meditationens grotta. Jag ska finna varaktig himmelsk lycka inom mig. Då kommer frid att råda i mitt hjärta vare sig jag är i tystnad eller som mest aktiv.

Varenda stjärna på himmelen, varenda ren tanke, varenda god gärning ska bli till ett fönster där jag kan skåda Dig.

Med oändlig koncentration och hängivenhet ska du låta ditt medvetande strömma ut genom det andliga ögat in i Oändligheten. Befria din själ från kroppens fängelse så den kan sträcka sig ut på Andens ofantliga hav.

OM MATERIELLA FRÅGOR

FÖRLORA ALDRIG HOPPET

Om du mist hoppet om att någonsin bli lycklig, muntra upp dig. Förlora aldrig hoppet. Din själ, som är en återspegling av den ständigt glädjefyllda Anden, är till sitt väsen lyckan själv.

Om du håller din koncentrations ögon slutna kan du inte se lyckans sol stråla i ditt bröst; men hur hårt du än sluter din uppmärksamhets ögon kvarstår det faktum att lyckostrålarna alltid försöker tränga igenom ditt sinnes slutna dörrar. Öppna stillhetens fönster och du kommer att finna ett plötsligt utbrott av den strålande glädjens sol i ditt sanna Jag.

Själens glädjefyllda strålar kan uppfattas om du vänder din uppmärksamhet inåt. Dessa sätt att varsebli kan uppnås om du tränar ditt sinne att njuta av tankarnas vackra landskap i det osynliga, ogripbara kungariket inom dig. Sök inte lyckan enbart i vackra kläder, renstädade hus, läckra middagar, mjuka kuddar och lyx. De kommer att hålla din lycka fjättrad bakom formernas galler i det yttre. Visualisera hellre att du glider i ett flygplan över tankarnas obegränsade kejsardöme. Skåda där bergskedjor av obrutna, höga andliga strävanden att förbättra dig själv och andra.

Sväva över den universella sympatins djupa dalar. Flyg över entusiasmens gejsrar, över den eviga visdomens Niagarafall och dyk ned i din själsfrids vördnadsbjudande klippavsats. Höj dig över den intuitiva varseblivningens oändliga flod till Hans allestädesnärvaros kungarike.

I Hans sällhets boning, drick från Hans springbrunn av viskande visdom och släck ditt begärs törst. Dela med Honom en måltid bestående av den gudomliga kärlekens frukter i evighetens festsal. Om du beslutat dig att finna glädje inom dig själv kommer du att förr eller senare finna den. Sök den nu, dagligen, genom stabil, allt djupare meditation i det inre. Gör en uppriktig ansträngning att vända dig inåt och du kommer där att finna din efterlängtade lycka.

Om materiella frågor

LEENDETS LJUS

(*Meditera, reflektera på och öva detta dagligen*)

Jag ska tända leendenas tändsticka. Min nedstämdhets slöja kommer att försvinna. Jag ska se min själ i ljuset från mina leenden, vilket dolts bakom tidsåldrars hopsamlade mörker. När jag finner mig själv ska jag ila med mitt själsleendes fackla genom alla hjärtan. Först ska mitt hjärta le, sedan mina ögon och mitt ansikte. Varje kroppsdel ska lysa i ljuset från leendet.

Jag ska springa bland melankoliska hjärtans busksnår och bränna alla sorger på bål. Jag är de oemotståndliga leendenas eld. Jag ska låta Gudsglädjens bris fläkta mig och stråla min väg genom alla sinnens mörker. Mina leenden ska överbringa Hans leenden, och alla som möter mig kommer att dra till sig en fläkt av min gudomliga glädje. Jag ska bära med mig väldoftande, renande facklor av leenden för alla hjärtan.

Jag ska hjälpa sörjande människor att le, genom att själv le även när det är svårt.

I alla hjärtans glädje hör jag ekot av Din sällhet. I alla sanna hjärtans vänskap upptäcker jag Din vänskap. Jag gläder mig lika mycket åt mina bröders välgång som åt min egen. När jag vägleder andra till visdom ökar jag min egen. I allas lycka finner jag min egen lycka.

Inget ska få skymma mina leenden. Den bistra döden, sjukdom eller misslyckande kan inte skrämma mig. Katastrofer kan i själva verket inte beröra mig för i min själ åtnjuter Guds oövervinneliga, oföränderliga, evigt nya lycksalighet.

O gudomliga, stillsamma Skratt, jag bjuder in Dig att inta Din tron under mitt himlavalv och le genom min själ.

Jag ska försöka bli en glädjens miljardär och finna min förmögenhet i Ditt rikes myntslag – ständigt ny lycksalighet. På så sätt ska jag samtidigt tillfredsställa mitt behov av andligt och materiellt välstånd.

ATT SPRIDA GUDOMLIG GLÄDJE

Med början i den tidiga gryningen ska jag varje dag utstråla glädje till alla jag möter. Jag ska sprida ett inre solsken till alla som korsar min väg. Jag ska tända ljus av leenden i de glädjelösas bröst. Inför min glada sinnestämnings oförgängliga ljus kommer mörkret att ta till flykten.

Låt min kärlek sprida sitt skratt i alla hjärtan, i alla folkslag och varje människa. Låt min kärlek vila i blommornas och djurens hjärtan, samt i stjärnfallens gnistregn.

Jag ska försöka vara lycklig under alla omständigheter. Jag ska bestämma mig för att vara lycklig inom mig just nu, där jag befinner mig idag.

Låt min själ le genom mitt hjärta och låt mitt hjärta le genom mina ögon så att jag kan sprida Dina överflödande leenden i sorgsna hjärtan.

Jag kommer alltid i mitt liv att se den perfekta bilden av Gud som är hälsosam, allvis och uppfylld av sällhet.

GUDS HELANDE LJUS

Ditt fulländade ljus är allestädesnärvarande i hela min kropp. Varhelst detta helande ljus är uppenbarat råder fulländning. Jag mår bra eftersom fulländning finns i mig.

Ditt helande ljus har spridits inom mig, runtom mig, men jag höll min inre varseblivnings ögon slutna och kunde inte förnimma Ditt förvandlande ljus.

Jag ska slunga ut min tros intensiva blick genom det andliga ögats fönster och låta min kropp döpas i Kristusmedvetandets helande ljus.

Himmelske Fader lär mig att komma ihåg Dig i fattigdom eller välstånd, i sjukdom eller hälsa, i okunskap eller vishet. Lär mig att öppna min vantros slutna ögon så jag kan se Ditt omedelbart helande ljus.

FÖR HÄLSA OCH VITALITET

Idag ska jag söka Guds vitalitet i solen och låta min kropp bada i dess ljus för att uppskatta den

Om materiella frågor

livgivande och helande gåvan av de ultravioletta strålarna från Herren.

Himmelske Fader, mina kroppsliga celler är gjorda av ljus, min kropps byggstenar är gjorda av Dig. De är Ande, eftersom Du är Ande; de är odödliga, eftersom Du är Liv.

Ljuset från Ditt fulländade välbefinnande genomtränger de mörka skrymslena i min kroppsliga sjukdom. Ditt helande ljus skiner i alla celler i min kropp. De är fullkomligt friska, för Din fulländning finns i dem.

Jag inser att min sjukdom kommer av att jag brutit mot hälsolagar. Jag ska omintetgöra det onda genom att äta hälsosamt, motionera och tänka rätt.

I tillit till min Fader ser jag hur sjukdomens skuggor utplånas nu och för alltid. Jag inser till fullo att Hans ljus alltid existerar; jag låter mig inte överväldigas av mitt självförvållade mörker förutom när jag egensinnigt sluter visdomens ögon.

Fader, hjälp mig så att jag naturligt, spontant och lätt skapar vanan att äta rätt. Låt mig aldrig bli ett offer för glupskhet och på så sätt orsaka mig lidande.

Himmelske Fader, fyll på min kropp med Din livskraft, genomdränk mitt sinne med Din andliga kraft, ladda min själ med Din glädje, Din odödlighet.

Himmelske Fader, fyll mina ådror med Dina osynliga strålar, så att jag blir stark och outtröttlig.

Det allseende ögat finns bakom mina ögon. De är kraftfulla, ty Du ser genom dem.

JAG ÄR INTE KROPPEN

Älskade Gud, jag vet att jag inte är kroppen, inte blodet, inte energin, inte tankarna, inte sinnet, inte egot, inte det astrala jaget. Jag är den odödliga själen som upplyser dem alla och förblir oföränderlig trots deras förändringar.

Eviga ungdom till kropp och själ, förbli i mig för alltid, för alltid, för alltid.

Om materiella frågor

Jag ska alltmer vara beroende av den obegränsade tillförseln av energi från den inre källan av kosmiskt medvetande och allt mindre på yttre källor av kroppslig energi.

O Fader, Din obegränsade och allt läkande makt finns i mig. Uppenbara Ditt ljus i min okunnighets mörker.

O Ande, lär mig att hela kroppen genom att återladda den med hjälp av Din kosmiska energi; att hela sinnet genom koncentration och leenden.

ATT SÄNDA TANKAR TILL ANDRA

Fäst dina rastlösa ögons blick på punkten mellan ögonbrynen. Dyk in i meditationens heliga stjärna[1]. Fortsätt att sända ut kärleksfulla tankar till dina kära i denna världen och till dem som gått före dig i sina klädnader av ljus.

[1] "Under djup meditation blir det enda eller andliga ögat (som i skrifterna betecknas som tredje ögat, som Österns stjärna etc.) synligt i pannans mitt. Viljan, när den projiceras från punkten mellan ögonbrynen, är tankens *sändarapparat*. När människans känsla eller emotionella kraft lugnt koncentreras på hjärtat blir det i stånd att fungera som en mental radio som *tar emot* budskap från andra personer, vare sig när eller fjärran." - *En Yogis Självbiografi*

Metafysiska meditationer

Det finns inget avstånd mellan sinnen och själar även om deras fysiska kroppar befinner sig långt ifrån varandra. I tanken är våra kära i själva verket ständigt nära.

Fortsätt sända ut, "Jag delar min lycka med mina kära vare sig de är på jorden eller i det vidsträckta där bortom."

———❦———

Jag ska söka Guds rike först och förvissa mig om min verkliga enhet med Honom. Därefter, om det är Hans vilja, ska allting – vishet, överflöd och hälsa – tillföras mig som en del av min gudomliga födslorätt, eftersom Han skapade mig till Sin avbild.

Fader, jag har varit lik den förlorade sonen. Jag har avvikit från Din allmakts hem, men nu är jag tillbaka i Ditt Självförverkligandes boning. Jag vill ha allt det goda som Du har, för allt tillhör mig. Jag är Ditt barn.

Jag är en avbild av den högsta Anden. Min Fader äger allt. Jag och min Fader är ett. När jag har Fadern har jag allt. Jag äger allt som Han äger.

Om materiella frågor

Himmelske Fader, nu inser jag att alla strävanden i ett materiellt liv, även om de kröns av framgång, inte erbjuder annat än tillfällig glädje. I enhet med Dig ska jag finna den eviga lycksalighetens förråd.

VÄNSKAP OCH TJÄNANDE

Jag ska förbli i mottagliga hjärtan – en okänd vän som alltid väcker dem till helgade känslor, och påskyndar dem tyst att överge sin jordiska slummer genom deras egna ädla tankar. I visdomens ljus ska jag dansa tillsammans med all deras glädje i tystnadens osynliga gemak.

Jag ska betrakta personen som nu betraktar sig själv som min fiende, att i sanning vara min gudomlige broder som gömmer sig bakom en slöja av missförstånd. Jag ska dra slöjan åt sidan med kärlekens svärd så att han, när han ser min ödmjuka, förlåtande förståelse, inte längre avvisar min välviljas gåva.

I mig ska alltid vänskapens dörr vara lika öppen för de bröder som hatar mig som för dem som älskar mig.

Metafysiska meditationer

Jag ska känna för andra som jag känner för mig själv. Jag ska utverka min egen frälsning genom att tjäna min medmänniska.

Jag vet att om jag erbjuder min vänskap till alla, likt Kristus, kommer jag att börja uppleva den kosmiska kärleken, som är Gud. Mänsklig vänskap är ekot av Guds vänskap. Den största gärning som Jesus Kristus gjorde var att ge kärlek som svar på hat. Att möta hat med hat är lätt men att ge kärlek som svar på hat är svårare och vida större. Därför ska jag förtära hatet i min utvidgande kärleks dånande storbrand.

Jag ska ta vara det bästa från varje folkslag. Jag ska beundra alla nationaliteters goda egenskaper och ska inte rikta min uppmärksamhet på deras fel.

Denna dag ska jag bryta egenkärlekens och familjekärlekens gränser och göra mitt hjärta tillräckligt stort för att rymma alla Guds barn. Jag ska tända en eld av universell kärlek och se min Himmelske Faders närvaro i alla släktband. All längtan efter ömhet ska jag rena och tillfredsställa genom att uppnå Guds heliga kärlek.

Om materiella frågor

JAG SKA TJÄNA ALLA

O Du som skänker oupphörlig lycksalighet! Jag ska söka att göra andra sant lyckliga i tacksamhet för den gudomliga glädje Du har gett mig. Genom min andliga lycka ska jag tjäna alla.

Idag ska jag förlåta alla dem som någonsin förolämpat mig. Jag ger min kärlek till alla törstande hjärtan, till såväl dem som älskar mig som dem som inte gör det.

Jag ska fiska efter själar. Jag ska fånga andras okunnighet i min visdoms nät och erbjuda den för att omvandlas av alla gudars Gud.

Jag ska utstråla kärlek och välvilja till andra, på så sätt öppnar jag en kanal så att Guds kärlek ska nå alla.

Jag vet att jag är ett med Ditt ljus av godhet. Må jag bli ett fyrtorn för alla dem som slungas runt på sorgens hav.

Jag är tjänaren som är redo att tjäna alla behövande själar med mitt enkla råd, med mina helande sanningsgåvor samt med den anspråkslösa vishet som jag samlat i tystnadens helgedom. Min högsta ambition är att etablera ett tempel för själens tystnad i varje människa jag möter.

GUDOMLIGT VÄLSTÅND

Min Fader är universums konung. Jag är arvprinsen till all makt, rikedom och visdom i Hans kungarike.

Jag misslyckades med att kräva min gudomliga födslorätt när jag förföll till det jordiska armodets tillstånd av glömska.

O Fader, jag önskar välstånd, hälsa och visdom utan gräns, inte med jordiskt ursprung utan från Dina allsmäktiga och enormt frikostiga händer, vilka äger allt.

Jag ska inte vara en tiggare som ber om ett begränsat jordiskt välstånd, hälsa och kunskap. Jag är Ditt barn och därför kräver jag, utan någon begränsning, en gudomlig sons andel av Dina obegränsade rikedomar.

Om materiella frågor

Fader, låt mig känna att jag är Ditt barn. Rädda mig från armod! Låt hellre alla goda ting, inbegripet hälsa, välstånd och visdom, uppsöka mig i stället för att jag ska jaga efter dem.

Herre, lär mig att minnas och att vara tacksam för de år jag åtnjutit hälsa.

Jag ska spendera mindre och mindre, inte som en snål person, utan som en självbehärskad människa. Jag ska spendera mindre så att jag ska kunna spara mer och med de besparingarna ska jag ge materiell trygghet för mig själv och min familj. Likaså ska jag givmilt hjälpa mina behövande mänskliga bröder.

Min Gudomlige Fader, Dig tillhör planeternas kungariken och all jordens rikedomar. Jag är Ditt barn; därför äger jag allt i likhet med Dig.

Fader, lär mig att inkludera andras välstånd i min strävan efter eget välstånd.

DEN ENDE I ALLT

Jag ska skåda den Osynlige i de synliga skepnaderna av min fader, moder och vänner som sänts hit för att älska och hjälpa mig. Jag ska visa min kärlek till Gud genom att älska dem alla. I deras mänskliga uttryck av tillgivenhet ska jag enbart känna igen den Enda Gudomliga Kärleken.

Jag bugar mig inför Kristus i alla mänskliga bröders tempel och i allt levande.

O Fader, lär mig att känna att Du är makten bakom allt välstånd och värdet i alla ting. Genom att först finna Dig kommer jag att finna allt annat i Dig.

Varhelst människor uppskattar mina ansträngningar att göra gott vet jag att det är där jag kan vara till störst hjälp.

O Lagens Herre, eftersom alla angelägenheter direkt eller indirekt styrs av Din vilja ska jag medvetet föra in Din närhet i mitt medvetande genom meditation, så att jag kan lösa de problem som livet ställer mig inför.

Gud är frid. Överlämna dig till den oändliga friden inom dig. Gud är den ständigt nya glädjen i

Om materiella frågor

meditation. Överlämna dig till den stora kärleken inom dig.

O Du Oändlige, visa för alltid Ditt glödande ansikte i alla mina glädjeämnen och i mitt flammande kärleksljus till Dig.

Lär mig att förstå att Du är den kraft som håller mig frisk och väl omhändertagen, och som gör att jag söker Din sanning.

Jag är en gnista från Oändligheten. Jag består inte av kött och blod. Jag är ljus.

Jag ska finna mitt eget välstånd genom att hjälpa andra att lyckas. I andras välgång ska jag finna mitt eget välbefinnande.

OM SJÄLVUTVECKLING

ATT MEDITERA I MÅNENS LJUSSTRÅLAR

Blanda ditt sinne med månens strålar. Skölj bort dina ledsamheter i dessa strålar. Känn det mystiska ljuset som stilla sprider sig över din kropp, över träden, över de vidsträckta landskapen. Stå på en öppen plats med lugna ögon, skåda bortom gränserna för landskapet, vilket avslöjas av månskenet, den lysande horisontens dunkla utkant. Låt dit sinne sprida sig på meditationens stabila vingslag bortom de synliga landskapens linjer och över horisonten. Låt din meditation passera randen av det synliga till fantasins riken.

Sprid ditt sinne från de ting som syns i månens ljusstrålar till de bleka stjärnorna och de avlägsna himlar som ligger bortom eterns eviga stillhet, där allt pulserar av liv. Se månens strålar som sprider sig, inte bara på jordens ena halvklot, utan överallt i ditt rymliga sinnes eviga regioner. Meditera tills du, i din stillhets svala månstrålar, rusar över spårlösa himlar och i förverkligandet skådar universum som ljus.

Metafysiska meditationer

ATT UPPNÅ FRIHET

Varför binda den oändliga själen till en benig påle av kött? Släpp taget! Kapa kroppsmedvetandets rep, bundenhet till kroppen, hunger, njutning, lidande samt kroppsligt och själsligt engagemang. Slappna av. Frigör själen från kroppens grepp. Låt inte den flämtande andningen påminna dig om fysiska hinder. Sätt dig ned i stillhet i andlös tystnad och var varje minut beredd att rusa mot friheten in i Oändligheten. Se bortom ditt jordiska fängelse.

Befria sinnet från kroppen med stillhetens skarpa kniv. Skär bort ditt medvetande från kroppen. Använd den inte längre som en ursäkt för att godta begränsningar. Vänd bort ditt medvetande från den bindande kroppsliga stöttepelaren. Låt ditt medvetande strömma bortom kroppen och svepa genom andras sinnen, hjärtan och själar. Tänd ditt ljus i allt liv. Känn att du är det Enda Livet som strålar i hela skapelsen.

KREATIV VERKSAMHET

Jag ska använda min kreativa tankeförmåga till att vinna framgång i alla de meningsfulla projekt som

Om självutveckling

jag ger mig in på. Gud kommer att hjälpa mig om jag samtidigt försöker att hjälpa mig själv.

Jag har begravt döda besvikelser på gårdagens kyrkogårdar. Idag ska jag plöja livets trädgård med mina nyskapande ansträngningar. Där ska jag så frön av vishet, hälsa, välstånd och lycka. Jag ska vattna dem med självförtroende och tillit och ska vänta tills det Gudomliga ger mig min rättmätiga skörd.

Även om jag inte kan bärga skörden, ska jag vara tacksam för tillfredsställelsen att ha gjort mitt bästa. Jag ska tacka Gud att jag kan försöka på nytt till dess att jag lyckas med Hans hjälp. Jag ska tacka Honom när jag lyckats uppfylla mitt hjärtas värdiga önskan.

Jag ska försöka att företa endast plikttrogna och ädla handlingar för att behaga Gud.

Jag är kaptenen på mitt skepp byggt på goda omdömen, vilja och handling. Jag ska styra mitt livs skepp, och för alltid skåda Hans frids polstjärna, vilken strålar på min djupa meditations himlavalv.

Jag ska vara lugnt aktiv och aktivt lugn. Jag ska inte bli lat och själsligt förstenad. Inte heller ska jag vara överaktiv, så att jag bara tjänar pengar men inte kan njuta av livet. Jag ska meditera regelbundet för att behålla en verklig jämvikt.

Idag öppnar jag stillhetens port och låter Tystnadens fotsteg ömsint träda in i alla mina aktiviteters tempel. Jag ska utföra alla mina plikter rofyllt, genomsyrade av frid.

När jag arbetar och nyttjar mina skapande krafter ska jag minnas att det är Du som verkar och skapar genom mig.

ATT ARBETA FÖR GUD

Jag ska tillägna mig en gudomligt djup, Gudagiven koncentration och sedan använda dess obegränsade kraft till att möta livets alla krav.

Jag ska utföra allt med full uppmärksamhet: mina arbetsuppgifter i hemmet, på kontoret, i världen – alla plikter, såväl små som stora, kommer att bli väl utförda.

Om självutveckling

På de tysta tankarnas altare styr fridens Gud mina handlingar idag.

Efter att ha kontaktat Gud i meditation ska jag utföra mitt arbete, vad det än må vara, förvissad om att Han är med mig, vägleder mig och ger mig kraften att frambringa det jag eftersträvar.

Jag ska använda mina pengar till att förbättra och göra världen lyckligare efter bästa förmåga.

ATT BESEGRA FRUKTAN OCH ORO

Gud är inom mig, omkring mig och skyddar mig; därför ska jag ta bort fruktans mörker som utestänger Hans ledljus och som gör att jag snubblar ned i misstagens fallgropar.

Med den Gudomliga Moderns mjuka slöja ska jag torka bort sjukdomens, sorgens och okunnighetens oroväckande drömmar.

Lär mig att vara orubbligt och varsamt modig i stället för att ofta bli rädd.

Metafysiska meditationer

Jag är beskyddad bakom mitt goda samvetes mur. Jag har bränt mitt förflutna. Jag intresserar mig enbart för den dag som är.

Jag ska inte frukta något förutom mig själv när jag försöker lura mitt samvete.

Idag ska jag göra ett bål av min oro och fruktan och underblåsa glädjens eld för att upplysa Guds tempel inom mig.

Fader, lär mig att inte plåga mig själv och andra med svartsjukans eländiga eldar. Lär mig att med tillfredsställelse ta emot det mått av godhet och vänskap som jag förtjänar från mina kära. Lär mig att inte beklaga mig för det jag inte får. Lär mig att använda kärlek istället för svartsjuka, för att sporra andra att göra gott gentemot mig.

Likt solen, som sprider sina livgivande strålar, ska jag sprida hoppets strålar in i de fattigas och övergivnas hjärtan och uppväcka ny styrka i hjärtat hos dem som tror att de är misslyckade.

Jag ska söka efter gudomlig trygghet först, sist

Om självutveckling

och hela tiden med den ständiga, underliggande tanken på Gud, min största Vän och Beskyddare.

Himmelske Ande, välsigna mig så att jag med lätthet kan finna lyckan i stället för att bli bekymrad inför varje prövning och svårighet.

ATT BESEGRA VREDEN

Jag bestämmer mig för att aldrig mer visa vredens ansikte. Jag ska inte släppa in vredens gift i mitt fridfulla hjärta och därigenom tillintetgöra mitt andliga liv.

Jag ska endast vredgas på vreden och ej på något annat. Jag kan inte bli arg på någon då ju såväl de goda som de onda är gudomliga bröder som fötts av min ende, gudomlige Fader.

Jag ska lugna andras ilska genom mitt lugn som god förebild särskilt när jag ser mina bröder lida av vredens delirium.

Lär mig att inte underblåsa ilskan och därigenom föröda fridens gröna oas inom mig själv och andra med vredens eld. Lär mig att hellre släcka vreden med mitt oupphörliga flöde av kärlek.

Himmelske Fader, befall min sjö av vänlighet att för alltid förbli oberörd av den eländesskapande vredens stormar.

OM KRITIK OCH MISSFÖRSTÅND

Jag ska inte slösa min tid med att tala om andras brister. Om jag känner mig dragen till att finna nöje i att kritisera andra ska jag först tala högt om mina brister inför dem.

Jag ska inte kritisera någon såvida jag inte har blivit ombedd och då bara med en önskan att hjälpa.

Jag ska försöka tillfredsställa alla genom vänliga och omtänksamma handlingar och alltid eftersträva att undanröja alla de missförstånd som jag orsakat, medvetet eller omedvetet.

Jag ska alltid hålla upp en outsläcklig fackla av

Om självutveckling

konstant vänlighet, för att vägleda hjärtat hos dem som missförstår mig.

Jag torkar bort mina tårar av bedrövelse och finner att det inte betyder något för Dig vare sig jag spelar en stor eller liten roll så länge som jag spelar den väl.

Jag ska söka Gud först; då kommer alla mina önskningar att uppfyllas. Om jag bor i slott eller koja har ingen betydelse.

Jag ska använda mina hederligt förtjänta pengar att leva enkelt och avskaffa all lyx.

Jag bestämmer mig för att ingen kan göra mig upprörd med sårande ord eller handlingar och ingen kan påverka mig med beröm så att jag ska tro att jag är bättre än den jag är.

Jag ska inte bry mig ett dugg vare sig jag får falsk kritik eller berömmets blomsterkransar. Min enda önskan är att göra Din vilja och att behaga Dig, min Himmelske Fader.

Jag ska tala sanning men jag ska alltid undvika att

säga obehagliga eller sårande sanningar. Jag ska inte uttala någon kritik som inte baseras på vänlighet.

Jag ska sprida min välviljas solsken varhelst missförståndets mörker råder.

OM ÖDMJUKHET OCH HÖGMOD

Alla mina krafter är inget annat än krafter lånade från Dig. Ingen är större än Du, o min Fader! Jag skulle inte kunna uttrycka mig eller leva utan Din vishet och styrka. Du är så stor; jag är så liten.

Lär mig att inte vara högfärdig. Du är Gurun, Läraren, vilken vägleder i alla själars tempel. Å allas vägnar bugar jag mig inför Dig.

Jag ska besegra högmod med ödmjukhet, vrede med kärlek, upprördhet med lugn, självishet med osjälviskhet, ondska med godhet, okunnighet med kunskap och rastlöshet med den obeskrivliga frid som erhålls i den inre tystnadens stillhet.

Jag ska vara stolt över att vara ödmjuk. Jag ska känna mig hedrad då man tillrättavisar mig när jag

Om självutveckling

utför Guds verk. Jag ska jubla över varje tillfälle att ge kärlek i utbyte mot hat.

OM VÄRLDSLIGA NÖJEN

Visdomens eld brinner. Jag ger näring åt elden. Ingen mening att sörja längre! Alla förgängliga nöjen, alla övergående strävanden använder jag som bränsle till kunskapens eviga eld. De gamla, omhuldade begärens vedträn, som jag bevarat för att snickra förlustelsernas möbler av, kastar jag in i de hungriga lågorna.

Åh, mina oräkneliga ambitioner sprakar glatt vid Guds flammas beröring. Mitt forntida hem av lidelser, ägodelar, inkarnationer, min fantasis många kungariken, mina drömmars många luftslott – allt förtärs av denna eld som jag själv antänt.

Jag skådar denna flammande eld, inte med sorg utan glädje, då den elden inte bara bränt ned allt som jag hållit kärt utan även alla mina av sorg hemsökta konstruktioner som jag fantiserat om. Min fröjd överträffar kungars rikedomar.

Jag är kung över mig själv, inte en kung som förslavats av sina inbillade ägodelar. Jag äger intet, men är ändå härskare i min oförgängliga frids kungarike. Jag är inte längre en slav under min fruktan för möjliga förluster. Jag har inget att förlora. Jag sitter på den konstanta tillfredsställelsens tron. Jag är i sanning en kung.

ATT ÖVERVINNA FRESTELSER

Lär mig, o Ande, att skilja mellan själens varaktiga lycka och sinnenas övergående nöjen.

Lär mig, o Ande att inte uppslukas av de flyktiga njutningar sinnena erbjuder. Lär mig att tukta mina sinnen så att de alltid kommer att göra mig verkligt lycklig. Lär mig att ersätta kroppsliga frestelser med den dragningskraft som själens lycka har.

Jag skrattar åt alla rädslor eftersom min Fader-Moder, älskade Gud, är uppmärksamt vaken och närvarande överallt med det medvetna syftet att skydda mig från ondskans frestelser.

O Evige Erövrare! Lär mig att öva upp ädla

Om självutveckling

egenskaper inom mig – soldater av lugn och självkontroll. Var Du deras Gudomlige General i fältslaget mot de mörka fienderna: vrede, otacksamhet, oärlighet. Låt mig hissa Din flagga av oövervinnelig rättfärdighet över mitt livs konungarike.

O Fader, fostra mina sinnens barn att inte vandra bort från Ditt hem. Vänd mina ögon inåt att beskåda Din ständigt föränderliga skönhet; träna mina öron att lyssna på Din inre sång.

Gudomliga Moder, lär mig att bli så fäst vid Dig att jag inte kan bli bunden av materiella njutningar. Lär mig genom Din kärlek att besegra alla begär till ett världsligt liv.

Gudomliga Lärare, tukta mina oförståndiga, irrande sinnen; förandliga deras njutningar så att de alltid ser bortom förvillelsen av glittrande, synliga ting för att finna enkelhetens gudomliga glädjeämnen.

ATT UTVECKLA VILJAN

Idag ska jag bestämma mig för att lyckas med vad jag än företar mig. Viljekraft har en enorm betydelse i alla aktiviteter. Det kan sätta igång oändliga rörelser av kosmisk energi.

O Eviga Energi, uppväck inom mig medveten vilja, medveten vitalitet, medveten hälsa, medvetet självförverkligande.

Lär mig, o Ande, att samarbeta med Din vilja tills alla mina tankar infogar sig med Dina harmoniska planer.

Det finns en dold styrka inom mig att besegra alla hinder och frestelser. Jag ska framkalla denna okuvliga kraft och energi.

Oövervinnlige Herre, lär mig att oupphörligt använda min vilja till att utföra goda handlingar tills min viljas lilla ljus brinner som Din allsmäktiga viljas kosmiska ljuslåga.

Älskade Fader, jag vet att jag kan besegra sjukdom, misslyckande och okunnighet genom stark viljekraft, men viljevibrationen måste vara starkare än den fysiska eller mentala sjukdomen. Ju mer kronisk sjukdomen är, desto starkare, stadigare och

Om självutveckling

orubbligare måste min beslutsamhet, tro och viljeansträngning vara.

Idag ska jag öva initiativförmågan. En människa med initiativförmåga skapar något ur intet; hon gör det omöjliga möjligt genom Andens stora uppfinningsförmåga.

Himmelske Fader, hjälp mig att stärka min viljekraft. Lär mig att inte förslavas av vanor. Vägled mig, så att jag utvecklas andligt genom inre och yttre disciplin.

Jag ska samstämma min fria vilja med Guds oändliga vilja och min enda önskan ska vara att göra viljan hos Honom som satte mig här.

VISDOM OCH FÖRSTÅELSE

Eftersom Din outplånliga bild av fullkomlighet finns i mig, lär mig att torka bort okunnighetens ytliga fläckar och att veta att Du och jag är, och alltid har varit, ett.

Må alla demoniska bullriga tankar ta till flykten,

Metafysiska meditationer

så att Din vägledning i form av dina tysta viskningars sång blir hörbara för min glömska själ.

Jag ska skåda visdom i okunnighet, glädje i sorg, hälsa i svaghet, för jag vet att Guds fullkomlighet är den enda verkligheten.

Jag är ett Guds odödliga barn som för en kort stund bor i denna kropps karavanseraj[1]. Jag är här för att betrakta detta föränderliga livs skiftande tragedier och komedier med en attityd av oföränderlig glädje.

Då Gud har gett mig allt vad jag behöver ska jag först lära känna Honom och sedan använda Hans råd till att önska och endast göra det Han vill.

Eftersom jag är utrustad med valfrihet är jag i verkligheten ett Guds barn. Jag har drömt att jag är en dödlig människa. Nu är jag vaken. Drömmen har försvunnit att min själ är fängslad i en kroppslig bur. Jag är allt som min Himmelske Fader är.

Varje morgon ska jag väcka min opartiska

---

[1] En karavanseraj, eller ett värdshus, där orientaliska karavaner vilar på sina resor, används här i betydelsen av en tillfällig uppehållsplats på själens resa genom inkarnationer.

Om självutveckling

introspektions domare och be om att ställas inför samvetets domstol. Jag ska leda den skarpsinniga distriktsåklagaren att åtala de våldsamma missgrepp vilka stjäl min rikedom i form av själsfrid.

Jag ska bygga visdomens boningar i den aldrig vissnande fridens trädgård, prunkande med blomster av vackra själsegenskaper.

Jag ska eftersträva att göra mig själv och alla andra rika på Gud först som sist.

Gud den transcendentala Fadern, Gud det inneboende Kristusmedvetandet och Gud den heliga, skapande Vibrerande Kraften, bevilja mig visheten att känna sanningen! Och genom min egen ansträngning och kännedom om lagen, låt mig klättra uppför förverkligandets dyrbara stege så att jag till slut kan stå på uppnåendets strålande topp, ansikte mot ansikte med den ende Anden.

Bombardemang efter bombardemang av min längtan efter Dig ska bryta ned inbillningens murar. Med visdomens raketer och beslutsamhetens obevekliga gevär ska jag förgöra min okunnighets fästning.

Metafysiska meditationer

Käre Fader, vilka omständigheter jag än möter vet jag att de utgör nästa steg i min utveckling. Jag ska välkomna alla prövningar eftersom jag vet att inom mig finns intelligensen att förstå och kraften att besegra dem.

Jag är fridsfursten som sitter på jämviktens tron och styr aktiviteternas konungarike.

I stället för att vara förströdd ska jag använda mina lediga stunder till att tänka på Dig.

Gudomlige Fader, denna dag ska jag anstränga mig att förstå hur avgörande det är att hela tiden klokt använda min viljekraft.

Jag ska samstämma mig med Din av visdom styrda vilja för att därigenom vägleda min vanestyrda vilja.

Jag ska odla sinnets lugn i vetskapen om att Gud alltid är med mig. Jag är Ande!

JULMEDITATIONER

MEDITATION PÅ JULAFTON

Lyft dina ögon och koncentrera dig inåt. Se på den astralt gudomliga visdomens stjärna och låt dina kloka tankar följa den teleskopiska stjärnan så att du ser Kristus överallt.

I landet där evig jul råder, i feststämning, i allestädes närvarande Kristusmedvetenhet, ska du finna Jesus, Krishna, helgonen från alla religioner, de stora guruer-lärare, vilka väntar på att ge dig ett gudomligt blomstermottagande och evig lycka.

Förbered Kristusbarnets ankomst genom att klä en inre julgran. Lägg kring det heliga trädet presenter av lugn, förlåtelse, ädelmod, tjänande, vänlighet, andlig förståelse och hängivenhet, vart och ett inslaget i ett gyllene omslag av välvilja och bundet med din rena uppriktighets silversnöre.

Må Herren, på ditt andliga uppvaknandes juldagsmorgon, öppna paketen med dina ljuvliga hjärtegåvor, förseglade med din glädjes tårar och ombundna med band i form av din eviga trohet mot Honom.

Han accepterar endast gåvor i form av heliga själsegenskaper. Hans mottagande är Hans största gåva till dig, eftersom det betyder att den gåva Han kommer att ge Dig i gengäld är ingenting mindre än Han själv. Genom att ge sig själv kommer Han att göra ditt hjärta tillräckligt stort för att rymma Honom. Ditt hjärta ska slå tillsammans med Kristus i allting.

Gläds åt denna festlighet, Kristi födelse i ert sinne och er själ och i varje levande atom.

Genom daglig meditation förbereder du medvetandets krubba att rymma det obegränsade Kristusbarnet. Varje dag blir en äkta jul i andlig gemenskap.

Jag ska vara en Guds son, precis som Jesus, genom att ta emot Gud helt och fullt i mitt heliga, meditationsvidgade medvetande.

ETT JULLÖFTE

Jag ska förbereda för det Allestädesnärvarande Kristusbarnets ankomst genom att rena mitt medvetandes krubba, som nu är rostig av själviskhet,

Julmeditationer

likgiltighet och sinnesböjelser; jag ska polera den med djup daglig, andlig meditation, introspektion och urskiljning. Jag ska bygga om krubban med broderskapets bländande själsegenskaper såsom kärlek, ödmjukhet, tro, önskan till Gudsförverkligande, viljekraft, självkontroll, försakelse och osjälviskhet så att jag på rätt sätt kan fira det Gudomliga Barnets födelse.

MEDITATION FÖR JULDAGSMORGON

Fira Kristi födelse i ditt eget medvetandes krubba under julhögtiden. Låt Hans vidsträckta upplevelser i naturen, i rymden och i universell kärlek kännas i ditt hjärta.

Bryt begränsningarna kring kast, färg, ras, religiösa fördomar och obalans, så att ditt hjärtas krubba blir stor nog att i sig omfatta Kristi kärlek för hela skapelsen.

Varje juldagsmorgon ska ni i det inre slå in dyrbara gåvor av gudomliga egenskaper och överlämna dem till de älskade själar som samlats kring julgranen av inre uppvaknande[1] för att fira och minnas Hans födelse i förståelse, sanning och lycksalighet.

I firandet av födelsen av det allvetande, allestädesnärvarande Kristusmedvetandet under det glädjefyllda julfirandet i form av ditt inre uppvaknande, kommer du att finna den kontinuerliga lycka som du drömt om.

Låt det allvetande Kristusmedvetandet[2] komma till jorden en andra gång och födas i dig, precis som det visade sig i Jesu medvetande.

FÖRANDLIGANDETS KRISTUS

Kristus har alltid funnits i mig. Han har predikat genom mitt medvetande till alla mina bullrande och hycklande tankar. Med den meditativa intuitionens magiska stav har Han stillat stormarna i mitt eget och i många andras liv. Jag var andligt blind, min

[1] Dvs. ryggraden med sina sex *chakror*, eller centra av ljus och livsenergi.

[2] På sanskrit *Kutastha Chaitanya*, som är det lycksaliga medvetandet i all skapelse, vilket aldrig förändras. Medvetenhet om Anden såsom inneboende i den vibrerande skapelsens alla atomer.

Julmeditationer

vilja var lamslagen, men jag helades av den uppväckta Kristus i mig.

Kristus gick på mitt sinnes oroliga vatten, ändå förrådde rastlösheten och okunnighetens Judas – vilseledd av Satan med frestelser – som förvillade bort mig från Kristi frid, Kristi glädje och korsfäste den Gudomlige på glömskans kors.

Kristus befallde min döda visdom att träda fram ur sin villfarelses säckväv och uppväckte min visdom till nytt liv.

Min vilja, min tro, min intuition, min renhet, mitt hopp, min meditation, rätta önskningar, goda vanor, självkontroll, avskildhet från sinnet, hängivenhet, visdom – alla dessa lärjungar underkastade sig till slut budorden från Kristus, som visade sig på min meditations höga bergstopp.

O levande Kristus, närvarande i Jesu kropp och i oss alla, visa Dig i Din härlighets väsen, i styrkan av Ditt ljus och i makten av Din fulländade visdom.

JULMEDITATION

Alla mina tankar klär meditationens julgran med hängivenhetens sällsynta presenter, vilka beseglats med gyllene böner från hjärtat om att Kristus må komma och ta emot mina anspråkslösa gåvor.

Jag ska själsligen tillbe i alla moskéers, kyrkors och tempels andakter och uppleva det universella Kristusmedvetandets födelse som frid på alla hängivna hjärtans altare.

O Kristus, må födelsen av Din kärlek förnimmas i alla hjärtan denna jul och alla andra dagar.

O Kristus, välsigna Dina barn så att de inom sig samverkar med Dina lagar. Gör så att vi förstår att Du är det bästa skyddet mot allt ont.

Lär oss, o Kristus, att vara hängivna vår Fader såsom Du är.

Efter att ha väntat på mig genom många inkarnationer föds Kristus på nytt inom mig. Alla

Julmeditationer

begränsningar i mitt lilla sinne bryts så att Kristusbarnet kan vakna upp i mitt medvetandes famn.

Kristusmedvetandet inom mig är fåraherden som ska leda mina rastlösa tankar till min gudomliga fridsboning.

O Herre! Gör mitt hjärta tillräckligt stort att rymma Dig, så att det slår tillsammans med Kristusmedvetandet i allt. Då ska jag glädjas på festen när Du föds i mitt sinne, i min själ och i varje pulserande atom.

OM FÖRFATTAREN

Paramahansa Yogananda (1893–1952) betraktas allmänt som en av de framträdande, andliga gestalterna i vår tid. Född i norra Indien kom han till Förenta Staterna 1920. Under de följande tre årtiondena bidrog han på betydande sätt till ett vidgat medvetande och ökad uppskattning i Väst för Österns eviga visdom genom sitt författarskap, omfattande föredragsturnéer och skapandet av en rad Self-Realization Fellowship tempel och meditationscentra.

Hans berömda livshistoria, *En Yogis Självbiografi,* liksom hans många andra böcker och hans heltäckande lektionsserier för självstudier har introducerat miljontals människor till Indiens urgamla meditationsvetenskap och metoder för att uppnå ett balanserat välbefinnande för kropp, sinne och själ. Under ledning av en av hans närmaste lärjungar, Sri Mrinalini Mata, bärs hans andliga och humanitära verksamhet vidare idag av Self-Realization Fellowship, den internationella organisation han grundade 1920 med syfte att sprida hans läror över världen.

PARAMAHANSA YOGANANDA
EN YOGI I LIVET OCH DÖDEN

Paramahansa Yogananda inträdde i *mahasamadhi* (en yogis slutgiltiga, medvetna utträde ur kroppen) i Los Angeles, Kalifornien, den 7:e mars 1952, efter det att han avslutat sitt tal vid en bankett som hölls till Indiens ambassadör, H.E. Binay R. Sens ära.

Den store förkunnaren visade värdet av yoga (vetenskapliga tekniker för Gudsförverkligande) inte bara i livet utan även i döden. Hans oförändrade ansikte lyste med oförgänglighetens gudomliga skimmer veckor efter hans bortgång.

Mr. Harry T. Rowe, begravningsdirektör vid Forest Lawn Memorial Park i Los Angeles (där den store mästarens kropp tillfälligt placerats) skickade ett bevittnat brev till Self-Realization Fellowship varur vi saxat följande delar:

"Avsaknaden av något som helst synligt tecken på nedbrytning av Paramahansa Yoganandas döda kropp är det mest ovanliga fallet vi upplevt... Inte ens tjugo dagar efter hans död visade hans kropp några synbarliga tecken på fysiskt sönderfall... Det syntes inte något mögel på hans skinn och ingen desiccation (uttorkning) förekom i kroppsvävnaderna. Detta tillstånd av en perfekt bevarad kropp är, vad vi kan finna i våra begravningsarkiv, helt enastående... När begravningspersonalen tog emot Paramahansa Yoganandas kropp förväntade de sig att se den vanliga stegvisa nedbrytningen av kroppen genom glaslocket på kistan. Vår förvåning växte när dagarna gick utan att någon synlig förändring skedde i kroppen under observation. Yoganandas kropp var uppenbarligen i ett märkligt, oföränderligt tillstånd...

"Det kom ingen nedbrytningslukt från hans kropp vid något tillfälle... Yoganandas fysiska utseende den 27:e mars, strax innan bronslocket lades tillrätta på kistan, var detsamma som det varit den 7:e mars. Han såg lika fräsch och opåverkad ut den 27:e mars som kvällen när han dog. Den 27:e mars kunde man inte påstå att hans kropp förevisade några som helst tecken på fysisk nedbrytning. Av den anledningen konstaterar vi än en gång att Paramahansa Yoganandas fall är unikt i vår erfarenhet.

BÖCKER PÅ SVENSKA AV PARAMAHANSA YOGANANDA

En Yogis Självbiografi
Hur du kan samtala med Gud
Lagen om framgång
Metafysiska meditationer

BÖCKER PÅ ENGELSKA AV PARAMAHANSA YOGANANDA

Tillgängliga i bokhandeln eller direkt från förlaget:

Self-Realization Fellowship
3880 San Rafael Avenue • Los Angeles, California 90065-3219
Tel (323) 225-2471 • Fax (323) 225-5088
www.yogananda-srf.org

Autobiography of a Yogi

The Second Coming of Christ:
The Resurrection of the Christ Within You
En klargörande kommentar till Jesu ursprungliga läror.

God Talks with Arjuna; The Bhagavad Gita
En ny kommenterad översättning

Lagen om framgång

Hur du kan samtala med Gud

Man's Eternal Quest
Volym I av Paramahansa Yoganandas föreläsningar och informella samtal.

The Divine Romance
Volym II av Paramahansa Yoganandas föreläsningar och informella samtal.

Journey to Self-Realization
Volym III av Paramahansa Yoganandas föreläsningar och informella samtal.

Wine of the Mystic:
The Rubaiyat of Omar Khayyam — A Spiritual Interpretation
En inspirerande förklaring som kastar ljus över den mystiska Gudskontakten som ligger under Rubaiyats gåtfulla bildspråk.

Where There Is Light:
Insight and Inspiration for Meeting Life's Challenges

Whispers from Eternity
En samling av Paramahansa Yoganandas böner och gudomliga upplevelser mottagna i upphöjda meditativa tillstånd.

The Science of Religion

The Yoga of the Bhagavad Gita:
An Introduction to India's Universal Science of God-Realization

The Yoga of Jesus:
Understanding the Hidden Teachings of the Gospels

In the Sanctuary of the Soul:
A Guide to Effective Prayer

Inner Peace:
How to Be Calmly Active and Actively Calm

To Be Victorious in Life

Why God Permits Evil and How to Rise Above It

Living Fearlessly:
Bringing Out Your Inner Soul Strength

How You Can Talk With God

Metaphysical Meditations
Mer än 300 andliga, upplyftande meditationer, böner och affirmationer.

Scientific Healing Affirmations
Paramahansa Yogananda presenterar här en djup förklaring till affirmationernas vetenskap.

Sayings of Paramahansa Yogananda
En samling uttalanden och visa råd som bibringar Paramahansa Yoganandas rättframma och kärleksfulla svar till dem som kom till honom för vägledning.

Songs of the Soul
Mystisk poesi av Paramahansa Yogananda

The Law of Success
Förklarar de dynamiska principerna för att uppnå ens mål i livet.

Cosmic Chants
Ord (på engelska) och musik till 60 hängivna sånger, med en introduktion som förklarar hur andlig sång kan leda till gudskontakt.

LJUDINSPELNINGAR MED PARAMAHANSA YOGANANDA

Beholding the One in All

The Great Light of God

Songs of My Heart

To Make Heaven on Earth

Removing All Sorrow and Suffering

Follow the Path of Christ, Krishna, and the Masters

Awake in the Cosmic Dream

Be a Smile Millionaire

One Life Versus Reincarnation

In the Glory of the Spirit

Self-Realization: The Inner and the Outer Path

ANDRA PUBLIKATIONER FRÅN SELF-REALIZATION FELLOWSHIP

En komplett katalog som beskriver alla Self-Realization Fellowships publikationer och audio/videoinspelningar finns tillgängliga om så *önskas*.

The Holy Science
av Swami Sri Yukteswar

Only Love: Living the Spiritual Life in a Changing World
av Sri Daya Mata

Finding the Joy Within You: Personal Counsel for God-Centered Living
av Sri Daya Mata

God Alone: The Life and Letters of a Saint
av Sri Gyanamata

"Mejda": The Family and the Early Life of Paramahansa Yogananda
av Sananda Lal Ghosh

Self-Realization
(en kvartalstidskrift som grundades
av Paramahansa Yogananda, 1925)

SELF-REALIZATION FELLOWSHIPS LEKTIONER

De vetenskapliga meditationstekniker som Paramahansa Yogananda lärde ut, däribland kriya yoga – såväl som hans vägledning kring alla aspekter för ett balanserat andligt liv – beskrivs i Self-Realization Fellowships lektioner. För ytterligare information, vänligen rekvirera den kostnadsfria småskriften "Undreamed-of Possibilities", som finns tillgänglig på engelska, spanska och tyska.

www.ingramcontent.com/pod-product-compliance
Lightning Source LLC
Chambersburg PA
CBHW020008050426
42450CB00005B/365